はじめの
一歩

THE FIRST STEP!

遺産分割のことならこの1冊

弁護士
國部 徹[監修]

自由国民社

〈は　し　が　き〉

相続は本人(被相続人)の死亡により自動的におきるものです。遺産の分割、つまり、誰が、どの部分を得るか、は事後の処理です。相続人が一人なら分割の問題は生じません。もめるのは相続人が複数の場合です。

「泣く泣くも良い方を取る形見分け」――人情は昔から同じです。

さて、遺産分割で要素になるのは、遺産（相続財産）、相続人の二つです。両方とも、相続開始時点（死亡時）には分からないものです。いや、分かってる、といっても、遺産を調べたら、あると思った預金が無かったり、不動産に抵当権の登記があったり、相続人も意外な非嫡出子がひょっこり現われたり、世の中いろいろなことがあるものです。

相続人の間で話がつけば、遺産分割協議書を作成し、各相続人が署名します。後日の念のため実印を押し、印鑑証明書を添付するのがよいでしょう。これは糊で固く貼付してしまうのがよろしい。この印鑑証明は署名時の印鑑の証明であり、３か月の期間などの制約を受けません。逆に何か紛争になってからの新印鑑証明書をつけても、署名時の実印かどうかの証明にはなりません。

分割の話がつかなければ、家庭裁判所での遺産分割調停、さらには審判の手続きとなります。遺言があれば遺留分の問題が生じます。

本書はこれらを分かりやすく説明したものです。

＊

今回の改訂（第６版）では、相続財産の保存、相続人が明らかでない場合の相続財産の清算、期間経過後の遺産の分散における相続分など、令和５年４月１日から施行された相続法の改正、令和６年４月１日から施行された嫡出推定、嫡出否認など親族法の改正および相続した不動産の登記が義務化された不動産登記法の改正などを反映しています。

令和６年４月吉日　　　　著者・監修者一同

もくじ

第2章　いざ、遺産分割協議へ——

これだけ知っていれば
スムーズに分割を終えられる

第3章　分け方のルールと計算法がわかる――

ケースによる具体的な遺産分割のしかた

第4章　Q&Aですぐわかる！

遺産分割をめぐるトラブルと解決法

巻末

①間違いだらけの相続—その遺産分割 待った！

②遺産分割トラブルの解決手続き

財産を相続するとは遺産分割をすることです

相続の開始から遺産分割終了までの手続き　早わかり

● 相続にまつわるトラブルを避けるためには、相続と遺産分割のルールを知っておくことが不可欠です。

◉相続には2通りの方法がある

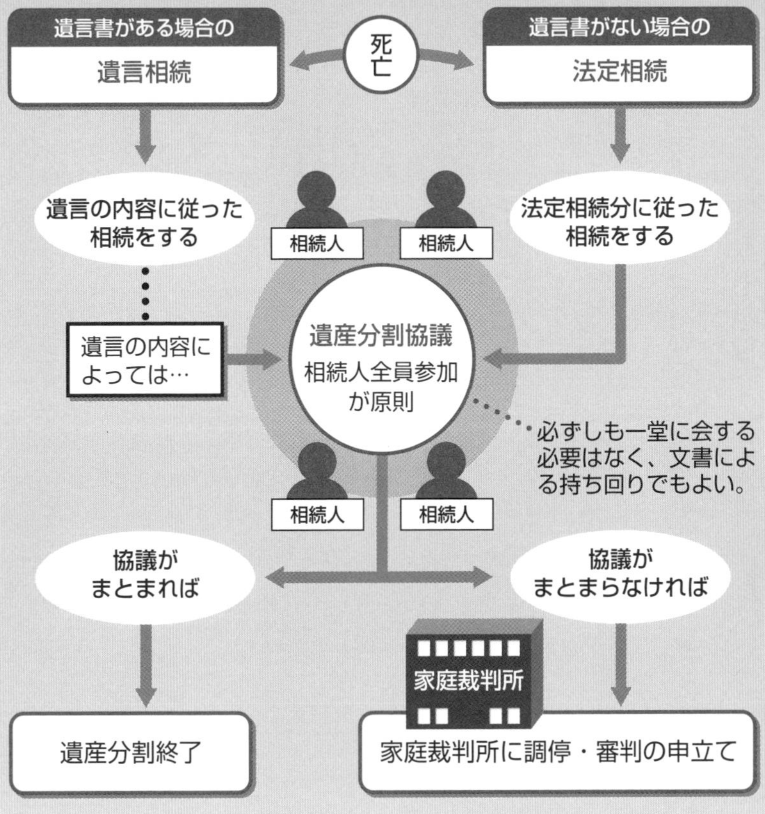

◉遺言書がない場合の相続のしかたは？

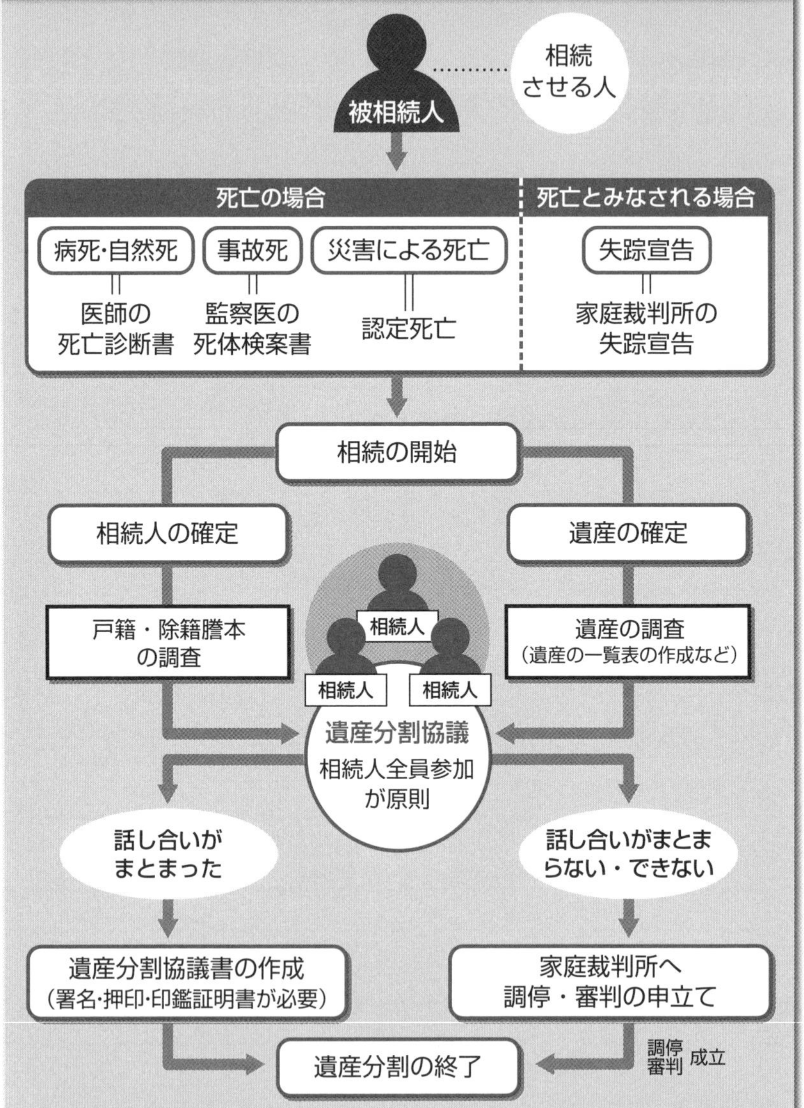

※相続人が外国にいる、あるいは入院中などで、遺産分割協議に出席できない場合には、出席者が作成した協議案を送付して、署名・押印・印鑑証明書を添付して送り返してもらえれば、遺産分割協議は有効です。

◉遺言書がある場合の相続のしかたは？

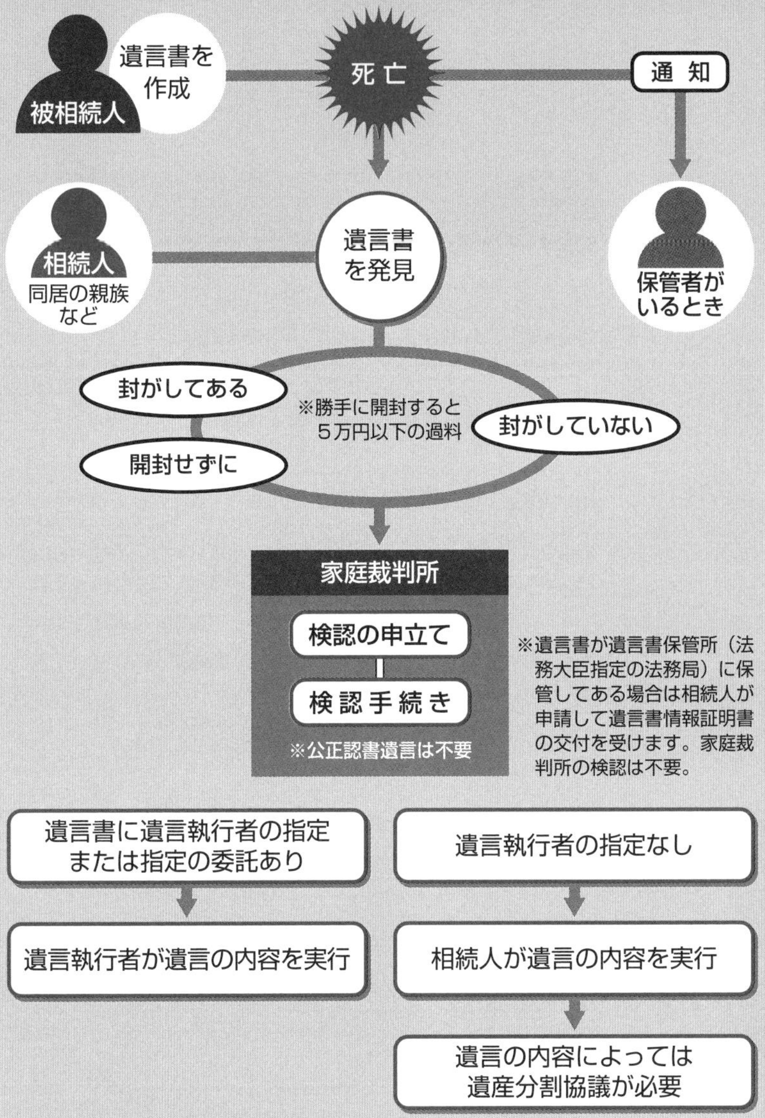

※遺言で相続人の廃除や認知などが書かれている場合には、相続人以外の遺言執行者による執行が必要ですので、遺言執行者を家庭裁判所で選任してもらわなければなりません。

◉被相続人の死亡から遺産分割までの流れ

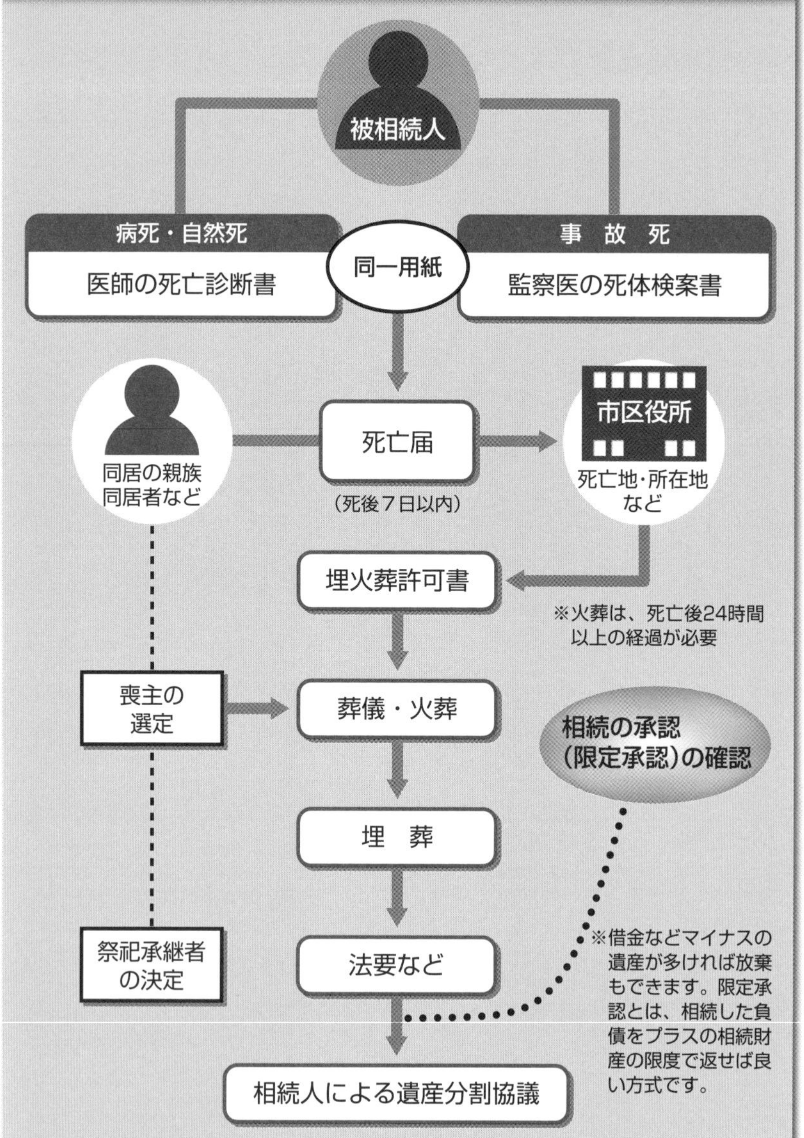

※死亡届（死亡診断書と同一用紙）は、社会保険・生命保険の手続きでも必要ですから、５～６通とっておくとよいでしょう。

◎相続人の範囲と法定相続の割合（法定相続分）

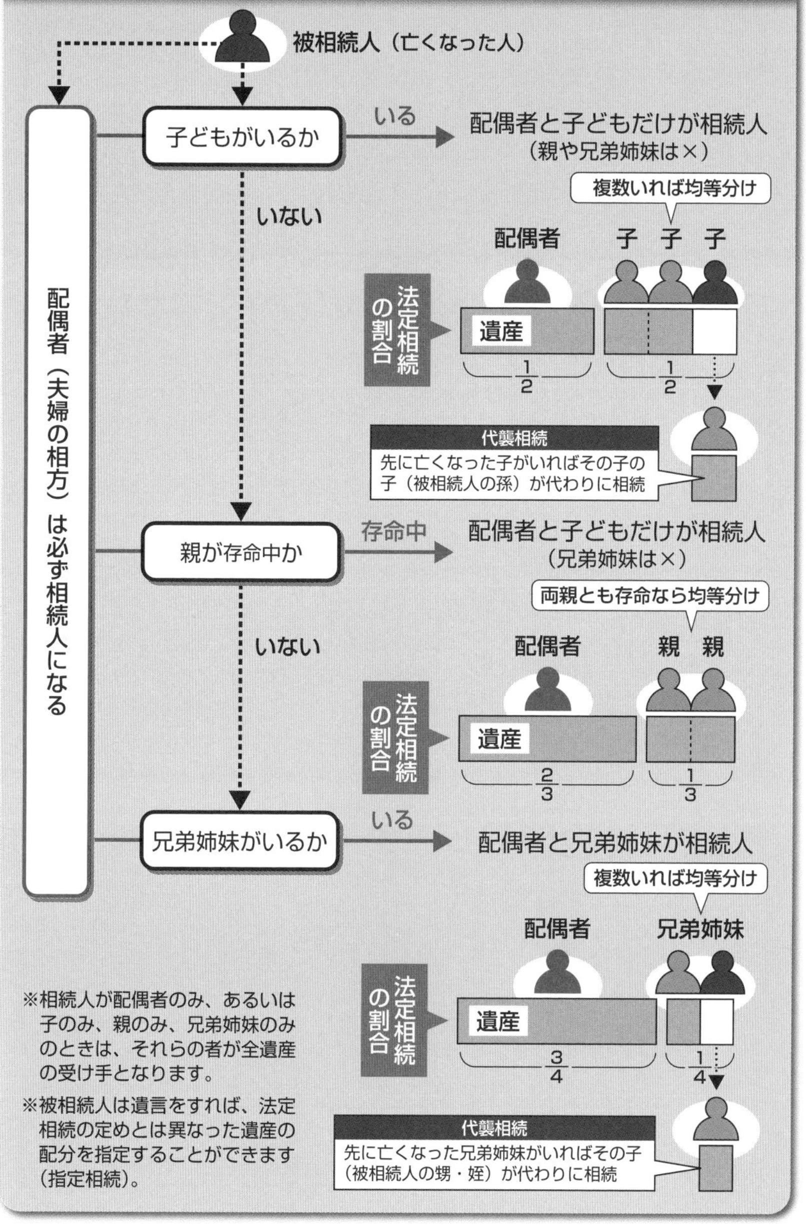

※相続人が配偶者のみ、あるいは子のみ、親のみ、兄弟姉妹のみのときは、それらの者が全遺産の受け手となります。

※被相続人は遺言をすれば、法定相続の定めとは異なった遺産の配分を指定することができます（指定相続）。

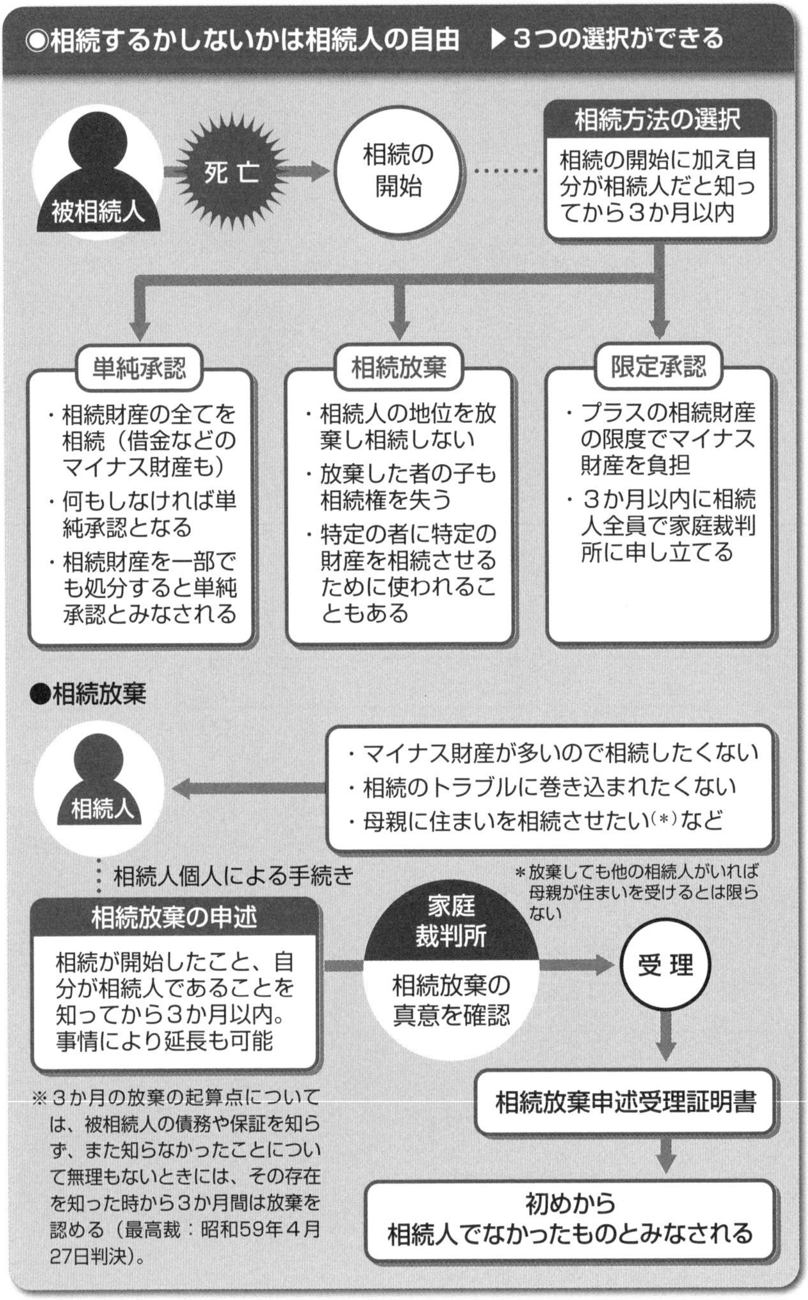
◉相続するかしないかは相続人の自由　▶3つの選択ができる
被相続人
死亡
相続の開始
相続方法の選択
相続の開始に加え自分が相続人だと知ってから3か月以内
単純承認
・相続財産の全てを相続（借金などのマイナス財産も）
・何もしなければ単純承認となる
・相続財産を一部でも処分すると単純承認とみなされる
相続放棄
・相続人の地位を放棄し相続しない
・放棄した者の子も相続権を失う
・特定の者に特定の財産を相続させるために使われることもある
限定承認
・プラスの相続財産の限度でマイナス財産を負担
・3か月以内に相続人全員で家庭裁判所に申し立てる
●相続放棄
相続人
・マイナス財産が多いので相続したくない
・相続のトラブルに巻き込まれたくない
・母親に住まいを相続させたい(*)など
*放棄しても他の相続人がいれば母親が住まいを受けるとは限らない
相続人個人による手続き
相続放棄の申述
相続が開始したこと、自分が相続人であることを知ってから3か月以内。事情により延長も可能
家庭裁判所
相続放棄の真意を確認
受理
相続放棄申述受理証明書
初めから相続人でなかったものとみなされる
※3か月の放棄の起算点については、被相続人の債務や保証を知らず、また知らなかったことについて無理もないときには、その存在を知った時から3か月間は放棄を認める（最高裁：昭和59年4月27日判決）。

◉遺産分割協議とはどういうものか

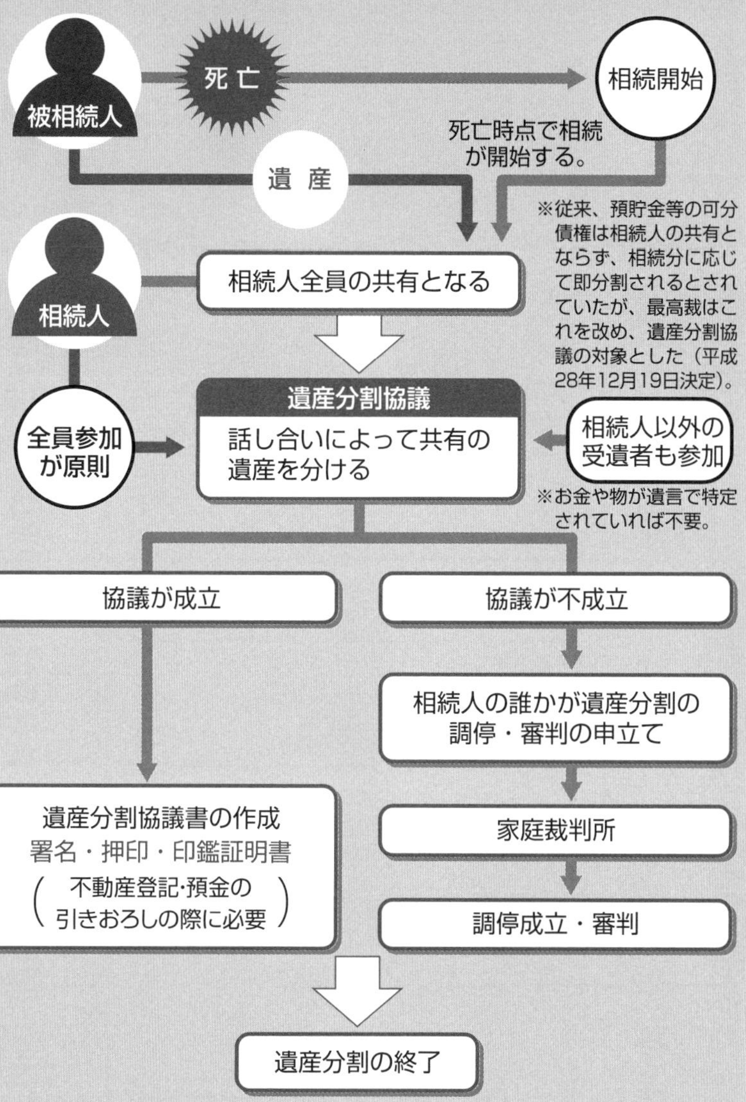

※遺言による相続の場合でも遺産分割協議は行われる場合がある。遺産分割協議で相続人が全員一致すれば、法定相続分と異なる分割も可能。また同じく全員一致で、遺言内容と異なる遺産分割も有効とされている。

◎遺産分割協議前の手続きは？　▶相続人の確定と相続財産の確定

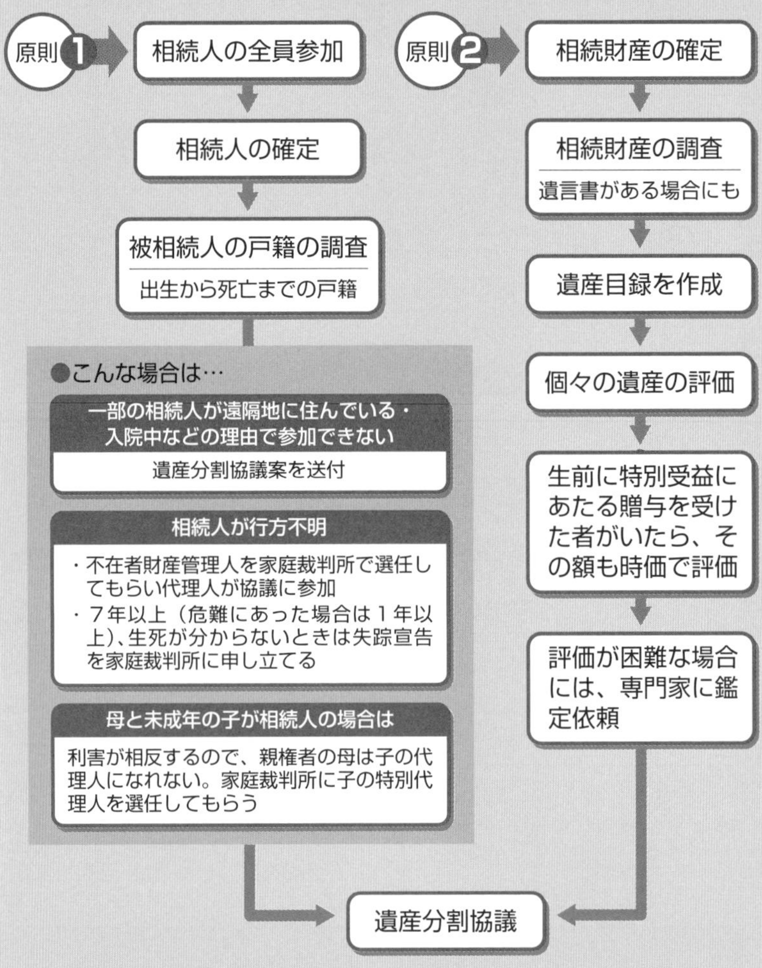

※特別受益と計算方法……相続人の中に生前の被相続者から、結婚や養子縁組みのため、あるいは生計の資本として贈与を受けていた者がいる場合は、特別受益者として相続分の前渡しがあったものとして相続分を減らします。まず、①被相続人が死亡したときに有していた財産を時価で評価します。②特別受益分を相続財産に加えます。③加えた結果の額（みなし相続財産額）を法定相続分に従って分けます。④この相続分から、特別受益者は生前に受けていた財産の価額を差し引きます。残額が特別受益者の相続分です。差し引いた結果がマイナスの場合は、その欠損分は返さなくてもよいのです（相続額＝０）。

◉遺産分割協議の実行のしかたは？

遺産分割協議のノウハウ

・いつ始めるか	いつ始めてもよい。通常は相続人の全員集まる法事の際に話を切り出すことが多い。
・いつまでに始めなければならないか	期限はないのでいつでも可。相続税の申告期限である10か月以内が望ましい（相続登記にも期限あり）。
・誰が呼びかけ誰が進行させるか	誰が呼びかけてもよい。人望のある相続人に進行をまかせた方がよい。
・１回で協議がまとまらない	何回協議を開いてもよい。協議しても話がまとまらない場合には家庭裁判所に調停・審判を申し立てて解決を図る。
・親の面倒を見ている相続人がいるが	親の仕事を手伝っていたり、親の面倒を見ていた相続人には、寄与分が認められる場合があるので、これについても協議する。
・協議がまとまったら	まとまった協議の内容を文書にしたものが遺産分割協議書。相続人全員がこれに署名・押印し、印鑑証明書を添付する。
・遺産分割協議書を作成するわけは	遺産である不動産を登記する際に、添付書類として必要。銀行預金を下ろす際にも必要なので、足りるだけ作成しておく（コピーはダメ）。
・債務については	遺産にはマイナス財産も含まれる。借金や保証責任などの債務については、法定相続分通りに分担（債権者の承諾があれば別）する。

◉遺産分割協議ができない・まとまらないときは？

遺産分割協議ができない

▶相続人の１人が認知症など心神障害

成年後見人を選任してもらう（家庭裁判所）

↓

後見人が法律行為を代理

▶相続人の１人が未成年者

親権者が利益相反で代理人になれないときは、家庭裁判所で特別代理人を選任してもらう

↓

特別代理人が法律行為を代理

▶相続人が行方不明

・不在者財産管理人を選任してもらう（家庭裁判所）
・７年以上（危難にあった場合は１年以上）も生死不明の場合は失踪宣告の申立て（家庭裁判所）

遺産分割協議がまとまらない

▶遺産分割前の前提問題

・相続の資格をめぐって争いがある
・遺産とされている財産は相続人固有の財産である
・生前に受益を受けている相続人の相続分が多過ぎる

↓

家庭裁判所が審判できる(最高裁の判断)

相続人

遺産分割調停の申立て
（誰が申し立ててもよい）

※申立書には1200円の印紙を貼って提出
＊裁判所のホームページに書式の案内がある

遺産の相続分をめぐる争い

家庭裁判所　調停はどの相続人の住所地の裁判所でもよい。審判は被相続人の住所地、または相続開始地の裁判所

調停(調停委員を交えた話し合い)

- まとまれば → 調停調書作成 → 遺産の分割
- まとまらなければ → 審判手続き → 家事審判官 → 審　判 → 遺産の分割

序章

遺産分割こそが財産相続の要《かなめ》——
遺産分割の進め方とポイント

▶相続は、被相続人の死亡によって開始し、遺産は相続人の共有となります。この共有財産を各相続人に取得させるのが遺産分割です。まず、遺産分割をスムーズに行う世話役みたいな人を決めましょう。以下では、家庭裁判所が行う遺産分割調停の進め方を参考に、遺産分割の進め方について解説します。

1 相続人と相続分を確定する　⇒相続人一覧表（図）の作成

◆配偶者は常に相続人　◆血族は、直系卑属(子)・直系尊属・兄弟姉妹の順で先順位の者が相続　◆相続人の欠格・推定相続人の廃除・相続放棄もある　◆相続人がいない場合は特別縁故者が遺産を取得できる　◆相続分は誰が相続人になるかによって異なる　※相続人以外の親族が特別の寄与料を取得できる

2 遺産を確定し評価する　⇒遺産目録の作成(83ページ参照)

◆被相続人が死亡した当時に所有していた遺産（債権も含む）も含む　◆生前贈与など特別受益分も調べる　◆遺産には借金（マイナスの遺産）もある　◆遺産の評価額を確認する

3 各相続人の遺産分割案を考える

◆相続人の誰かが遺産分割のまとめ役をするとよい　◆相続放棄者は相続人でなくなる　◆預貯金等の債権も遺産分割の対象　◆各相続人が取得額・取得する物を決める　◆話し合いは幾度かするとよい

4 遺産分割の協議をする　⇒遺産分割協議書の作成(117ページ参照)

◆遺産分割は相続人全員の合意で決まる　◆遺産分割は必ずしも法定相続分どおりでなくてもよい　◆合意ができなければ家庭裁判所に調停を申し立てる　◆遺産分割協議書を作る　◆相続人の行方不明では相続財産管理人の選任ができる

5 遺言書があるときの遺産分割

◆遺言書には自筆証書遺言・公正証書遺言などがある　◆自筆証書遺言は全文自書（氏名・日付含む）・押印が必要　◆財産目録はパソコン等で作ってもよい　◆家庭裁判所での検認が必要　◆公正証書遺言・遺言保管制度では検認は不要

1 誰が相続人になるか調べ、相続分の確定をする

1 相続人を確定する

まず、**遺言書の存在の有無**を調べます。遺言書があれば原則として遺言の内容どおりの相続となり、遺言がなければ法定相続となります。

誰が相続人なのかは、戸籍謄本等で確認できます。養子・特別養子、認知した子がいれば戸籍謄本等でわかります。この戸籍謄本等の書類は、銀行の預貯金の解約等でも必要で、被相続人の生まれた時から死亡までの一連のもの（戸籍謄本・改製原戸籍・全部事項証明書・除籍謄本）が必要になりますので、市区町村役場であらかじめ取り寄せておくとよいでしょう。出生から死亡時までの戸籍謄本（全部事項証明書）・除籍謄本が必要な理由は、戸籍謄本の改編が行われたことにより、記載内容が抜け落ちていたりする可能性があるからです。

相続人について問題となるのは、戸籍に記載されていない婚外子と称する人が現れた場合です。 本当に被相続人の子であるかどうかで、争われることになりますが、認知されれば相続人となります。また、内縁の妻や離縁した養子、離婚した配偶者には相続権はありませんが、被相続人が所有していたマンション（遺産）に入居しているなどの複雑な問題もあります。また、遺言で遺贈の指定があれば、相続人ではありませんが受遺者として遺産を受け取れます。

2 相続人が決まれば相続分が決まる

相続分は誰が相続人になるかによって、異なります（巻頭グラフ13ページ参照）。例えば、配偶者と第１順位の子が相続する場合は、妻が遺産の２分の１、子が２分の１（数人いる場合は均等に分ける）です。

ただし、相続人の中に特別の寄与がある人いる場合は、遺産の中から寄与分を受けることができます。つまり、寄与分のある相続人は、寄与分に加えて、寄与分を控除した遺産についても法定相続分の遺産取得が

図1　特別寄与料の請求

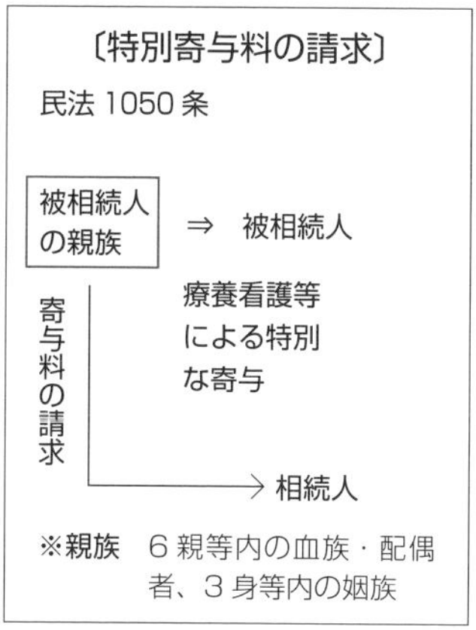

できます。また、相続人以外の親族（特別寄与者）が、被相続人の療養介護などで特別の寄与があった場合、その親族は相続人に対し特別寄与料を請求できます。

この**特別寄与料**の規定が盛り込まれた相続法の改正では、**配偶者居住権**も新設されました(令和２年４月１日から施行)。これは、相続人の合意により、配偶者は居住する家屋の所有権を相続しなくても、一定期間あるいは死亡まで無償で住み続けることができるというものです。なお、「配偶者居住権」は所有権の場合に比べると評価額は大幅に低く、その結果、法定相続分による現金や預貯金などを多く相続できることになります。配偶者居住権⇒205ページ参照

3 相続人一覧表を作成する

できれば**遺産分割に関するノート**を作成しましょう。パソコンで作るのもよいでしょう。その中に『相続人一覧表』を作り、氏名、被相続人との関係、現在の住所、連絡先などを記入します。

このノートは、遺産分割の話し合いについての記録のようなもので、相続人の誰が見てもわかるものとします。

▶法定相続分⇒13・32・33ページ参照　▶寄与分⇒96ページ参照
▶特別寄与者⇒上図参照　▶配偶者居住権⇒23ページ図表・205ページ参照

4 婚外子（相続人）の存在

認知された子として戸籍に記載された子がいる場合は、その婚外子は相続人となり、相続分は他の実子と同等の相続分があります。認知されていない子の場合は、遺言、あるいは家庭裁判所で認知が認められれば相続人となります。特別養子の場合は、実親との親子関係は切れていますので、実親の遺産に対する相続権はありません。

2 遺産を調べ、評価する

1 遺産を調査する

被相続人にどのような財産があったかは、相続人は概略は知っていると思いますが、詳細に把握している人は少ないようです。そこで、遺産については調べる必要があります。遺産には、土地建物、借地権、現金、預貯金、生命保険、株式、国債、投資信託などがありますが、遺産の証拠となるものを見つけ出すことです。

例えば、土地建物の場合、法務局で登記簿謄本（登記事項証明書）を取り寄せて確認することです。また、その他の遺産の場合、被相続人の生前の契約書や振込明細書・領収書などを丹念に調べればほぼ遺産は確定できます。遺産の中には、貸金や借金もありますので注意してください。

どうしても見つからない遺産があり、遺産分割後に見つかったものについては、相続人の話し合いで遺産分割協議のやり直しあるいは見つかった遺産について遺産分割をすることができます。

なお、被相続人の一身専属的なものについては、相続の対象とはなりません。また、生前に贈与や遺言で遺贈された特別受益となるものについては遺産ではありませんが、特別受益として遺産に組み入れて（持戻し）、法定相続分により遺産分割がなされます。そこで、各相続人の特別受益分の有無についも調べておくようにしましょう。

▶特別受益⇒61ページ参照

2 遺産を評価する

遺産分割をするに当たっては、個々の遺産を評価する必要があります。

現金や預貯金などはその額で評価できますが、不動産や株式などは評価額が変動しますので、遺産目録には、根拠を示し評価額を記載しておくとよいでしょう。例えば、相続税の遺産の評価基準が参考になります。

要は、相続人の全員が納得する評価額であればよいのです。

遺産の評価について相続人の中から異論が出ることもあります。その場合は、評価のやり直しを行うか、専門家に鑑定を依頼するしかありません。どうしても折り合いがつかない場合は、家庭裁判所に調停の申立てをすることになります。

特別受益分の評価は、金銭であれば贈与の時の金額を相続開始時の貨幣価値で換算、不動産であれば相続開始時の時価で計算します。

なお、配偶者居住権を設定する場合は、いくらで設定するかも決めなければなりません。（下図参照） ▶遺産の評価額⇒56ページ参照

3 遺産目録一覧表を作成する

遺産目録も遺産分割に当たり、作成しておきたい資料の一つです。前記のノートの一項目として作成するのもよいでしょう。遺産目録一覧表には、借金も書きます。また、遺産の評価額も根拠を示して書きます。

前記の各相続人の特別受益分についても記載します。

▶遺産目録⇒83ページ参照

図2　配偶者居住権

〔配偶者居住権〕　民法第5編相続第8章

◆配偶者居住権（民法1028条）

配偶者　居住建物　被相続人

被相続人死亡時に居住

取得　配偶者居住権　無償で建物の全部を使用収益できる権利

要件
①遺産分割による合意
②被相続人の遺言による遺贈
③家庭裁判所の審判による取得

※遺産分割では、配偶者居住権の評価額が低いことから預貯金などの他の財産を多く取得できる。

◆配偶者短期居住権（民法1037条）

配偶者が、相続開始時に被相続人の建物（居住建物）に一緒に住んでいた場合は、以下の期間、建物を無償で使用する権利を取得する。

①配偶者が居住用建物の遺産分割に関与するときは、居住用建物の帰属が確定するまでの間（最低6か月間の保障）

②居住建物が第三者に遺贈された場合や、配偶者が相続放棄した場合には居住建物の所有者から消滅請求を受けてから6か月

◆持戻し免除の意思表示推定規定（民法903条4項）

婚姻期間が20年以上夫婦の一方が、居住用建物または敷地を遺贈または贈与したときは、持戻しの免除があったものと推定され、その遺贈または贈与分を特別受益とし遺産に組み入れる必要はないということです。

※配偶者居住権については205ページでも解説。

3 遺産分割の協議をする

1 遺産分割協議

遺産分割は、被相続人の各遺産を各相続人が法定相続分に応じて分割・取得することです。

遺産分割の基準について民法906条は、「遺産の分割は、遺産に属する物又は権利の種類及び性質、各相続人の年齢、職業、心身の状態及び生活の状況その他一切の事情を考慮してこれをする。」と規定しています。つまり、この基準に従い遺産分割をしなさいという規定ですが、具体的な分割に関する規定ではなく、各相続人の事情等を考慮して決めなさいという指針のような規定なのです。したがって、相続人全員の合意があれば、法定相続分とは異なる遺産分割も可能なのです（同旨の最高裁判例あり）。

ただし、協議が整わないときは、**家庭裁判所の調停（あるいは審判）**となり、この場合は法定相続分によることとなります。

2 遺産分割の方法

これには、①**現物分割**（個々の遺産を分ける）、②**代償分割**（遺産を取得しない代わりに代償金を貰う）、③**換価分割**（遺産を売却してお金で分ける）、④**共有分割**（遺産を相続人が共有する）があります。こうした分割の方法を駆使して、遺産分割を行います。ただし、④の共有分割は、共有者はいつでも他の共有者に対して共有物の分割を請求できますので、抜本的な解決にはならないことが多いようです。

3 遺産分割における各相続人の権利

各相続人には、遺産分割協議において主張できる権利がある場合があります。これには、特別の寄与をした相続人の**寄与分**、令和２年４月の相続法の改正で新設された**配偶者居住権**があります。

▶配偶者居住権⇒図表・205ページ参照

また、これとは逆に、相続人は**相続放棄**をすることができます。相続放棄の場合、最初から相続人でなかったことになり代襲相続もありませんので、他の相続人が法定相続分に従って相続することになりますが、マイナスの遺産が多い場合は要注意です。

▶相続放棄⇒14ページ参照

4 遺産分割が整うまでの注意

被相続人の遺産は、被相続人の死亡によって相続人の共同財産となり、遺産分割協議を経て、**相続人全員の合意**で各遺産を誰が相続するかが決まります。つまり遺産分割が決まるまでは、相続人全員の同意がなければ、相続人個人が遺産を処分することはできないということです。

被相続人の死亡後に緊急のお金が必要な場合でも、相続人は預貯金を引き出せないことになります。ただし、令和２年４月から、**遺産分割前の払出し制度**が施行され、一定額の払出しが可能になりました。

▶遺産分割前の払戻し制度の創設⇒下図表参照

図３　遺産分割前の払戻し制度

〔遺産分割前の払戻し制度〕　（民法909条の2）

(経緯) 平成28年の最高裁判所の決定により、それまでは、預貯金債権は相続分に応じて各相続人に当然に分割さていたものが、預貯金も遺産分割の対象とされたために、遺産分割が終了するまでは相続人単独では、払戻しができなくなりました。

(対策) 相続人の資金需要に対応するための新制度が設けられました。

①家庭裁判所の判断を経ずに払戻しが得られる制度（新設）

預貯金債権の一定額については単独で払戻し請求ができる。計算式は、(相続開始時の預貯金債権の額（口座基準))×1/3×(当該払戻しを行う共同相続人の法定相続分＝単独で払戻しができる額（上限150万円)

②預貯金債権に限り、家庭裁判所の仮分割の仮処分要件が緩和

仮払いの必要性があると認められる場合には、他の共同相続人の利益を害しない限り、家庭裁判所の判断で仮払いが認められます。

5 遺産分割協議書の作成

遺産分割が整えば、通常、合意した内容を書面にします。これが、遺産分割協議書と呼ばれるもので、各相続人が署名・押印します。遺産分割協議書は相続人全員が集まって作成する必要はなく、郵送により署名・押印をしてもらい送り返してもらうことも可能です。

▶遺産分割協議書⇒117ページ参照

4 遺言書があるときの遺産分割

1 遺言書の作成

(1) 遺言書の作成は増加　最近では自分の思いどおりに財産を相続させたいと考える人が多くなっているのか、遺言書の作成は増加の傾向です。

遺言は、**満15歳に達した者**は誰でもすることができます。遺言については方式があり、本人が作成する**自筆証書遺言**については、厳格な方式が定められ、遺言者が、その全文、日付及び氏名を自書し、これに印を押さなければなりません。ただし、添付書類の財産目録については自書でなく**パソコン等で作成**してもよいことになりました（目録の毎葉に署名・押印が必要）。他にも、公正証書遺言（公証人が作成）、秘密証書遺言、危急時遺言があります。

(2) 遺言書の保管　公正証書遺言は公証役場で保管してくれますが、自筆証書遺言は自分で保管しなければならず悩むところです。こうしたことから、**自筆証書遺言書保管制度**がスタートしました(詳細は法務局で確認)。

2 遺言書の発見と相続人の対応

(1) 遺言書の検認　遺言書の保管者・発見者は家庭裁判所に検認の申立をしなければなりません。ただし、公正証書遺言や自筆証書遺言書保管制度（前述）を利用した遺言書については検認の申立は不要です。検認は、遺言書の内容を審査するものではなく、ただ外形を検査認定して遺言書の存在を認定する手続だからです。

(2) 遺言書の内容の執行　遺言の内容は法定相続分に優先して適用されます。したがって、法定相続分とは別の相続分を指定したり特定の財産を指定して遺贈をすることもできます。

遺言の執行は、遺言で遺言執行者を指定してあれば、その人が原則として遺言執行者となります。遺言執行者が必要なのにいないときは利害関係人の請求によって家庭裁判所が選任します。ただし、遺言で指定された以外の遺産については相続人による遺産分割の協議は必要です。

第1章

あやふやでは争いになる――

遺産分割協議の前に
相続の基本をわかっておこう

遺産を分ける前提として、まず、相続人は誰か、また、相続財産には何があるのかがはっきりしないことには何も始まりません。そのために、民法には相続人は誰かを決めるルールが定められています。また、相続財産には何があるのかについても、その探し方という現実的な方法論から、どの範囲の財産を相続財産とみなすのかという法律的な定義のしかたまで、知らなければならないこと、知っていれば遺産分けがスムーズにいくことがたくさんあります。相続財産とは、亡くなった人が死亡時に保有していた資産だけに限られないのです。

◆遺産はどのようにして分けるのか？

◎相続争いが起こる原因はどこにあるか

遺産相続の最終的な目的は、死亡した人（**被《ひ》相続人《そうぞくにん》**）の所有していた財産について、相続人の誰が、何を相続するかを決めて、各相続人が相続財産を受け取ることです。こうして書くと、相続とはいかにも簡単なように思われます。

相続についての法律である民法の相続編では、誰が相続人になるかについても、誰がいくら相続するかという相続分についても条文を設けて規定しています。それなのに、相続争いといわれるように、相続をめぐっての争いは跡を絶たないのです。

その理由は、相続の形態が多岐に渡るからです。100例の相続があれば、相続人についても、相続財産についても、100通りに異なります。相続人についても、被相続人と共に財産の形成に努めた者もいれば、被相続人に暴力をふるったような相続人もいます。相続財産についても、多くの不動産を所有していた人もいれば、財産どころか多くの借金を残した人もいます。

法律は、このような個別の事情を考慮して作られているわけではありません。あくまでも相続をする場合の基準を定めているだけなのです。

◎遺言による相続が法定相続に優先

そこで、法律では、相続人についても、相続財産についても、どのように相続させるかは、まず被相続人に委ねているのです。これが「**遺言による相続（指定相続）**」です。被相続人は遺言によって、自分の思い通りに相続人に相続させることができます（遺《い》留《りゅう》分《ぶん》という制限はありますが）。そして、遺言による相続を法律の規定による「**法定相続**」に優先させることによって、相続による紛争を防ぐことにしたのです。

……遺産分割にのぞむ前の基礎知識

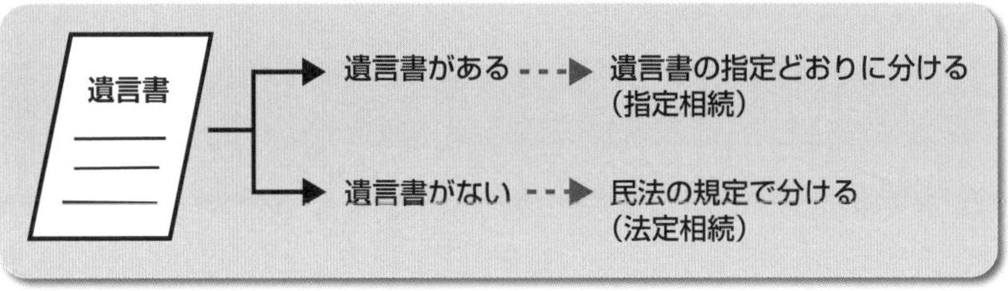

すなわち、わが国の相続のシステムは、被相続人が遺言を残していれば、遺言の内容に従った相続が行われ、遺言がなかった場合にのみ法律上の分配ルールに従った法定相続が行われるようになっているのです。

しかし、実際には、わが国では遺言による相続は浸透していません。圧倒的多数が法定相続です。法定相続では前述したように遺産分けに伴うトラブルが起こりがちです。そこで、法律でとられた解決策が、本書のテーマである「**遺産分割協議**」という制度です。

◎遺産分割協議は遺産を具体的に分ける話合い

人が死亡すると死亡時に自動的に相続が開始し、被相続人の遺産は相続人のものになります。相続人が複数いる場合には、各相続人が遺産を共有することになります。

その後の遺産分割は、相続人が共有している遺産を、それぞれの相続人ごとに具体的に分けることだと言うことができます。分けるについては、相続人全員による話合いによって分けることとされています。この話合いが、遺産分割協議というものになるのです。

遺産分割を始める前に、必要な前提条件が二つあります。一つは、**遺産の相続権を持っている相続人を確定すること**（各相続人の法定相続分が決まる）、他の一つは**分割の対象となる遺産を確定すること**です。

この前提条件となる二つのことから解説を進めていきましょう。

遺産分割協議の主宰者

1 遺産分割協議は誰が招集して誰が取りしきるのか

➡遺言で決められていなければ、とくに決まりはない

●遺産分割協議は誰が招集するのか

被相続人が亡くなると、被相続人が所有していた財産（負債などのマイナスの財産も含めて）について、相続が開始します。亡くなった人が遺言を残しており、遺言書に、すべての財産について誰が何を相続するのか逐一指定してあれば、その通りに相続すればいいのですが、そのような指定がない限りは、原則として共同相続人の全員の合意により、誰が何を相続するかを決める遺産分割協議を行わなければなりません。

ただ、遺言によって遺産の全部または一部の分割を禁止する旨が定められている場合には（たとえば亡くなった人の妻が住んでいる建物についてなど）、遺産分割をすることはできません（５年間に限られる）。

では、この遺産分割協議はどのようにして行われるのでしょうか。

相続法（民法の相続編のことを一般的にはこう呼んでいます）では、遺産分割を行う場合の基準と遺産分割協議を行う旨の規定はあるのですが、遺産分割協議の具体的な手続きについては一切触れておりません。

ですから、遺産分割協議をどのようにして進めるかは、共同相続人が自由に決めてもかまいません。通常は、相続人の集まる三十五日あるいは四十九日の法要の際に、相続人の中の誰かが呼びかけて相談を行い、具体的な手続きが決められているようです。

●誰が遺産分割協議を取りしきるのか

遺産分割協議は、原則として共同相続人全員が参加して行うことになっています。全員が直接参加すれば、何も問題はないのですが、相続

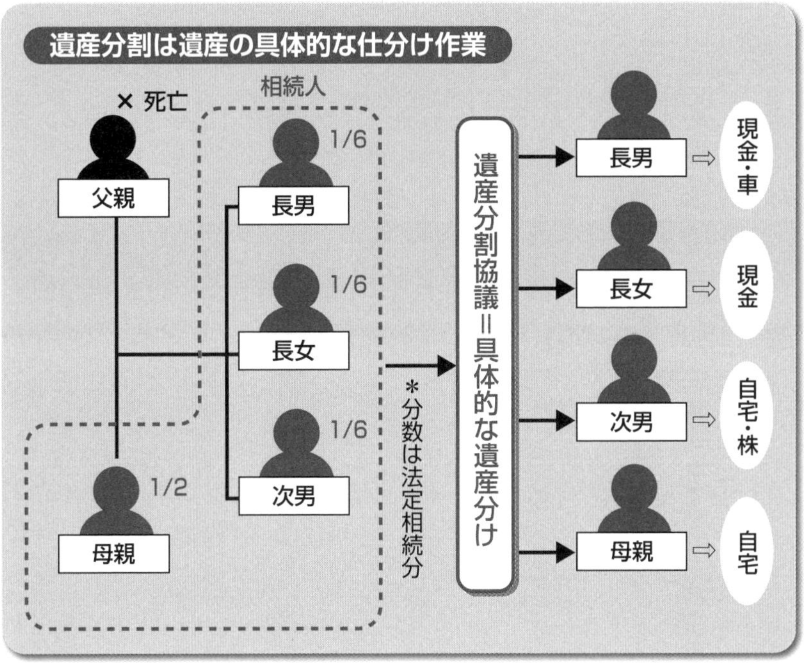

遺産分割は遺産の具体的な仕分け作業

人の事情によっては直接参加できない場合も起こり得ます（たとえば、海外で生活しているなど）。

その場合には、**協議をしきる者が協議案をとりまとめて、参加できない相続人に文書を送って参加させる方法も有効**とされています。

では、遺産分割協議は誰がしきったり、司会をしたりすればいいのでしょうか。これについても、相続法では何ら定めてはいませんので、相続人の話合いで決めればいいでしょう。もちろん、しきる者を必ず決めなければならないというわけではなく、議事を進行させる上で決めた方がベターだということです。現実問題としては被相続人の遺産を調べる必要があり、被相続人と同居していたか、あるいは被相続人の財産について詳しい人が適任でしょう。

被相続人は、遺産分割方法の指定を、遺言によって相続人以外の第三者に委託することができます。このような委託があれば、委託された第三者が遺産分割協議をしきることになるでしょう。

相続人の確定 ❶

2 誰が相続人になれるのか

➡相続人になれる者は法律（民法）で決まっている

●被相続人の遺産は誰が相続できるのか

遺産を実際に分ける手続きである「遺産分割協議」を行う大前提となるのが、相続人の確定と遺産の確定です（遺言があれば別…後述）。

遺言のない場合（わが国の相続は多くがこれです）には、民法の規定によって相続が行なわれることになっています（**法定相続**と言います）。

民法では、相続人になる者を、①配偶者《はいぐうしゃ》（夫婦の相方＝夫または妻）と、②**血族《けつぞく》関係にある者**としています。血族関係にある者については順番を定めており、一番目に**子**（子が死亡している場合には孫などの代襲相続人）、二番目が**親**（親が死亡していれば祖父母）、三番目が**兄弟姉妹**（死亡していれば甥《おい》、姪《めい》が代襲相続人《だいしゅうそうぞくにん》）という順番です。順番が上の者がいれば、下の者はまったく相続できません。

配偶者は必ず相続人となります。ですから、配偶者は最優先順位にある血族相続人と一緒に相続することになります（血族相続人が誰もいなければ配偶者が単独で全部を相続します。逆に配偶者がすでに死亡していれば、血族相続人が全部を相続します）。

●法定相続にはルールがある

被相続人の配偶者は被相続人と共に生活していた者ですから、血のつながりがなくても常に相続人になると民法では定めています。

つぎに血族相続人については、相続人になれる者の優先順位を定めています。すなわち、被相続人に子がいれば、配偶者と子だけが相続人になり、子以外の血族（親や兄弟姉妹）は相続人にはなれません。

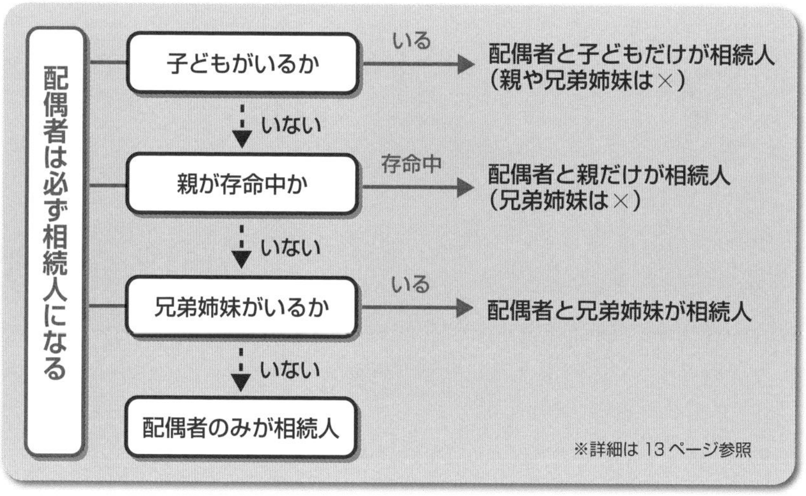

親が相続人になれる場合は、被相続人に子（孫）がいない場合です。

兄弟姉妹が相続人になれる場合は、被相続人に子（孫）がいなく、また親（祖父母）もいない場合です。

配偶者は、血族相続人のうちの誰と一緒に相続するかによって相続できる割合（**相続分**）が異なります（相続分については２章で解説します）。

●簡単ではない相続人の確定

遺産分割協議では、相続人全員が参加して協議するのが原則です。そのためには、相続人になる者を確定する必要があります。相続人の確定は戸籍謄本を取り寄せることで行います。

確定の困難なケースも少なくありません。たとえば、結婚式を挙げ、子どももいるが、婚姻届を提出していない夫婦の場合には、法律上は**内《ない》縁《えん》関係**となり、妻には相続権がありませんが、子は、**認知《にんち》**がされていれば相続権が発生し相続人となります（被相続人の死後の裁判認知もある）。

また、相続人となるはずの者が蒸発してしまい、生死不明という場合にも、相続人として扱っていいのかどうか難しい問題です。

あとになって相続人だと名乗る者が出てこないかどうかも、亡くなった親と、そのまた親（自分からは祖父母）の戸籍をみて調べましょう。

相続人の確定❷

3 相続人に誰がいるかをどうやって確定すればいいか

➡相続人の確定は戸籍謄本や除籍謄本でする

●相続人を確定する方法は

前にも述べたように、遺産相続をするための遺産分割協議は、相続人が全員何らかの形で参加して行わなければ有効な協議になりません。

もし、亡くなった被相続人が隠し子を認知していたり、知らないうちに養子を迎えていたりする場合も皆無とは言えません。遺産分割後にこのような事実が出てくると、相続人の範囲が変わって相続分が変更となり、また遺産分割協議をやり直さなければならないなど大変です。

これを調べるためには、**被相続人の「出生から死亡まで」の連続した戸籍《こせき》**にあたる必要があります。ちなみに、連続した戸籍は、不動産を相続し相続登記をする場合でも、また銀行の預金名義を変更する場合にも、提出が要求されます。通常ですと、亡くなった人の最後の戸籍を見れば誰が相続人になるかはわかりますが、法律は厳密性を要求しますので、万一の場合を考慮して、このような手続きを求められるのです。

●戸籍には見知らぬ兄弟姉妹の存在が隠れていることがある

一般に、婚姻届を出すことを「籍を入れる」と言いますが、この「籍」は戸籍のことです。戸籍簿は、戸籍筆頭者や家族の続柄《つづきがら》・氏名・生年月日・性別などを記載した公文書で、届出が法律で義務づけられています。これを取り扱っているのは市区町村役場の戸籍担当の部署です。

相続で要求される「連続した戸籍謄本《こせきとうほん》」を調べるには、被相続人の出生のときから死亡のときまでの謄本《とうほん》を取ることが必要です。そのためには、被相続人の親（相続人である自分からは祖父母）の戸籍謄本（記載者が全員亡くなるなどで戸籍がカラになっていれば除籍謄本《じょせきとうほん》）を取ることが必要です。これは被相続人が結婚するまでは祖父母の戸籍に入っていたからです。結婚前（祖父母の戸籍に入っている間）に、女性との間に子どもができ、認知している可能性があり得るのです（認知すればその旨がその戸籍に記載されています）。

注意しなければならないのは、平成６年から順次、戸籍が従来の帳簿から電子化されコンピュータ内へ移されていることです。従来の戸籍謄本という呼び名も、「**戸籍全部事項証明書**」に、また除籍謄本も「**除籍全部事項証明書**」と変わりました。コンピュータ化以前の古い戸籍（**改《かい》製原《せいげん》戸籍《こせき》**）も調べなければ、戸籍の「連続」を調べられません。

出生から死亡までの戸籍の連続

▶具体的には、まず被相続人（亡くなった人）の最後の戸籍の謄本を取り、その中の記載から作成年月を遡って順次出生までの謄本を取り寄せる作業になります。

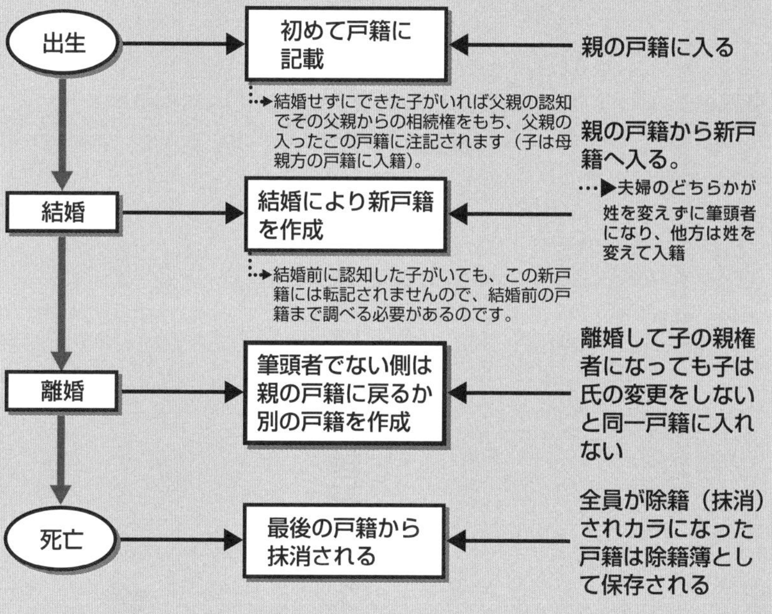

※改製原戸籍は、法令の改正などで使われなくなった古い様式の戸籍のことで、昭和32年の法務省令による改製前の戸籍、あるいは平成６年以降進められている電子化の前の戸籍をいいます。

相続人の確定❸

4 生まれていない子（胎児）や行方不明者がいると遺産分割はどうするか

➡出生後、不在者財産管理人選任後に遺産分割をする

●胎児も相続人になれるのか

相続人を確定する場合には、戸籍を調べればよいことに触れましたが、戸籍に記載されていない者が相続人になる場合があります。それが「**胎《たい》児《じ》**」の場合です。

本来、相続では、被相続人が死亡したとき、すなわち相続が開始したときに相続人として存在しなければならない（これを「同時存在の原則」といいます）のですが、この原則を貫くと、たとえば被相続人の死亡した翌日に出生した胎児には相続権が認められないことになります。相続時に胎児であった子は、わずか１日の差で大きな不利益を受けることになり、あまりにも不合理だということになります。

民法の大原則は、出生によって初めて人としての権利能力を持つとしています（民法３条）が、相続に関しては、例外として胎児についてはすでに生まれたものとみなし（民法886条１項）、相続権を認めます。ただし、死産の場合にはこの規定を適用しないことにしています。

では、実際問題として、胎児が相続人になる場合の遺産分割は、どのようにして行えばいいのでしょうか。登記の実務では、「亡何某妻何某胎児」として胎児名義の不動産登記を認めており、もし、胎児が死産の場合には更正登記をすればよいとしています。

しかし、胎児が出生する前に遺産分割を行うと、万一、死産の場合には遺産分割協議をやり直さなければならず、何かと大変です。ここは**胎児が出生するまで待って、遺産分割協議を行うのがベター**だと言えます。

なお、胎児の相続権は、相続人になるはずであった人が被相続人より先に亡くなっていて、胎児が代襲《だいしゅう》相続をする場合にも認められます。

●相続人が行方不明の場合は

戸籍上からは相続人であることがはっきりしているのだが、現実に行方不明あるいは失踪しており、本人に連絡しようがない場合には、遺産分割協議ができません。こんな場合には、どうしたらいいでしょうか。

法律的な解決方法として、二つの方法があります。一つは、相続人が失踪して７年以上も行方が分からないという場合です。この場合には、利害関係人が家庭裁判所に「**失踪宣告の申立て**」をします。家庭裁判所の失踪宣告の審判が出されますと、失踪者は死亡したものとして扱われます。失踪者に子がいれば、その子が代わりに相続をします。

遺産分割後に失踪者の生きていることがわかったときは失踪宣告は取り消されますが、遺産分割に参加した相続人が失踪者の生きていることを知らなかった（善意の）場合には、相続財産が残存する範囲において失踪者の請求（相続分の請求）に応じればいいことになっています。失踪者が生きていることを知っていたのなら(悪意)、遺産分割は無効です。

もう一つは、相続人が行方不明になってから、まだ７年が経過していない場合、あるいは失踪宣告を申し立てて死亡扱いをしたくない場合です。この場合には、同じく利害関係人が家庭裁判所に「**不在者財産管理人の選任の申立て**」をします。その上で、選任された管理人と遺産分割協議を行えばよいことになっています。

相続人に未成年者がいるときの遺産分割協議

未成年の相続人は自分では遺産分割協議に加われず（民法824条)、親も相続人であれば、その親も未成年の子の代理人になれません（利害が対立する関係なので)。この場合、その子の住所地の家庭裁判所に申し立て、特別代理人を選任してもらう必要があります（826条)。

相続人の確定 ❹

5 養子がいる場合の遺産分割はどうするか

➡養子は実子（嫡出子）とまったく同じ相続権をもつ

●養子がいる場合の相続は

法定相続が行われる場合、相続人になる者についての原則は、**①配偶者は常に相続人になる、②血族は子→親→兄弟姉妹の優先順で相続人になる**､の二つです。血族とは自然の血のつながりがあるものをいいます。

これに対して、自然の血のつながりのない**法定血族**といわれるものがあります。これが**養子**です。養子は、実際に親子関係のない者が、契約によって**養子縁組**を結び、縁組の日から実子関係と同一の親族関係が成立することを法律で認めた制度です。

養子の法律上の地位は、実子と全く同じです。相続についても実子と同じ扱いで、養親の遺産を受け継ぐことができます。それどころか、養子縁組が結ばれても、養子と実親（その親族も）との関係は何の影響も受けませんので､**養親からの相続も､実親からの相続もできる**ことになっています。

わが国では、家の家業を継がせるなどのために昔から婿養子を迎えることが行われています。娘に婿として迎えただけでは婿は相続人にはなれず、娘の両親と養子縁組をしなければ相続人にはなれません。養子縁組をすれば、娘とともに婿も相続人となります。

●特別養子の場合はどうなるか

特別養子制度は、民法の改正により昭和63年１月より新たに設けられたものです。従来の養子制度と異なる点は、養子になることによって実の両親との親子関係が終了（戸籍上でも）することです。普通養子のよ

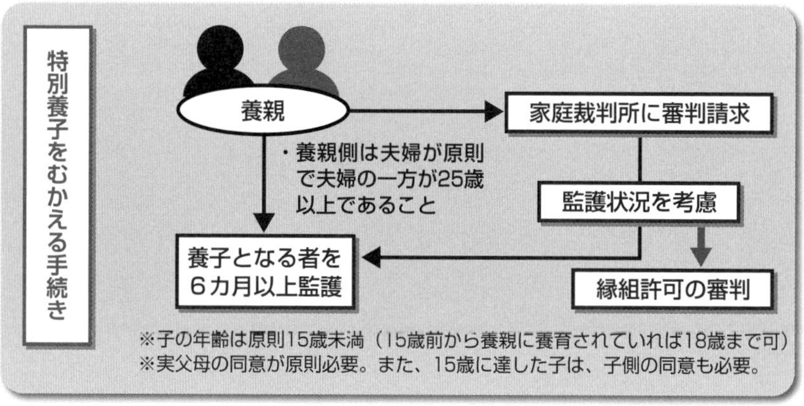

うに、養親と実親との両方からの相続はできませんし、実の親に対する扶養義務もなくなります。ただ、血のつながった親との関係を絶つものであるため、特別養子が成立する要件や手続きは厳しくなっています。

●縁組の届出をしていない養子の場合は

養子縁組が成立するためには、市区町村役場に養子縁組届を提出し、これが受理されることが必要です。養子にするつもりで一緒に長年生活を共にしており、子どもも「お父さん、お母さん」と呼んでいたとしても、養子縁組届が出されていないかぎり、養子縁組は成立しません。

このような場合には、一緒に生活している子どもが養子として親の遺産に対する相続人になることはできません。ただし、この事実上の養子の親である被相続人に相続人がいない場合には、**特別縁故者**《とくべつえんこしゃ》として、相続できる場合があります。借家権については、相続人がいない場合には、借家権の承継を認めています（借地借家法36条）。

昔から、生後間もない子をもらい受け、養子とせずに実子（嫡出子《ちゃくしゅつし》）として届け出る慣行があると言われています。出生の秘密や養子である事実を隠してやりたい気持ちからでしょう。しかし、このような虚偽の出生届によって、嫡出として親子関係が発生するわけはありません（これを認める一部学説あり）。虚偽の出生届による養子縁組の成立も、最高裁は一貫して認めていません（下級審では認めた例もあります）。

相続人の確定❺

6 内縁の妻、離婚後の妻、愛人の相続権はどうなるのか

➡長く一緒に暮らしていても、内縁や離婚後に相続権はない

●内縁の妻は相続人になれるのか

死亡した被相続人の配偶者（たとえば夫に先立たれた妻）は、常に相続人となります。夫に死なれた妻は、他に法定相続人がいれば一緒に、いなければ単独で相続できます。しかし、これは婚姻届を市区町村役場に届け出て受理された夫婦についていえることです。結婚式も挙げた、長年夫婦として生活しているというような事実があっても、婚姻届を出していない妻の立場は「**内縁《ないえん》の妻**」であり、法律上相続が認められる正式の夫婦とは認められません（一般に「事実婚」と呼ばれます）。

内縁の夫婦に子がいても、この子が当然に相続人になることもできません。夫の子に間違いなくとも、法律では夫が自分の子と認める「**認知《にんち》届《とどけ》**」を出して認知しないと相続が認められません。

認知された子は、法律上は**非《ひ》嫡出《ちゃくしゅつ》子《し》**となります。かつては正式の夫婦の子である**嫡出《ちゃくしゅつ》子《し》**の２分の１しか相続分が認められませんでしたが、民法（旧900条４号ただし書）の改正により嫡出子と同等となりました（平成25年12月11日施行）。なお、父親が認知せずに死亡した場合には、死後３年以内ならば、**裁判で死後認知**を請求できます。この場合検察官を被告として訴えます。ただし、認知の訴えには調停前置主義が適用されますので、まず家庭裁判所に認知調停を申し立てる必要があります。

●離婚後の妻は相続人になれるか

配偶者であれば、常に相続人になりますが、離婚すると戸籍も別々になり、夫婦になる前の赤の他人に戻ってしまいます。ですから、**どんな**

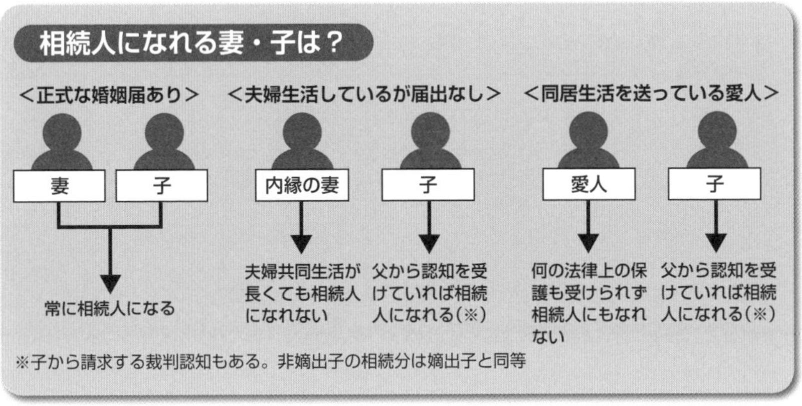

に長期間夫婦であっても、離婚後は相続人にはなれません。

離婚するために家庭裁判所で調停をしていたり、離婚訴訟を争っている間に、配偶者に死なれたという場合には、離婚届が受理されていませんから、この場合には相続人となります。

夫婦の間に子どもがいれば、**いくら離婚しても子どもとの間の血縁関係は切れるわけではありませんので、子どもは相続人となります。**

●愛人は相続人になれないのか

いくら真剣に愛し合っており、お金を受け取るだけの関係ではないのだとしても、法律上はまったくの他人同士として扱われます。自分がお金を出すなどして相手の面倒をみていた場合も同じです。相手と同居生活を送っていても、お互いが夫婦だ（婚姻届を出してないだけ）というつもりがない場合には、内縁関係ではなくただの愛人関係となります。そもそも内縁が認められたとしても、相続人にはなれないのです。

相手の遺産を少しでも受け取るためには、相手に遺言を書いてもらい**遺贈**《いぞう》する旨を入れてもらうか、生前に**死因贈与**《しいんぞうよ》**契約**を結び、相手が死んだ場合に遺産を受け取る方法をとるしかありません。

相手との間に子どもがいる場合には、「認知」してもらっておけば、その子は非嫡出子として嫡出子と同等の相続分を持ちます。認知がなくても養子縁組をすれば、嫡出子と同等の相続分を持つことができます。

相続人の確定 ❻

7 婚外の子の相続権はどうなるのか

➡認知されたら相続人だが、未認知の子は相続人ではない

●相続で認知が問題になるわけは

遺産分割協議が終了した後になって、新たに相続人が登場してくると困ります。この新たに登場してくる相続人の代表が、正式な夫婦の間に生まれた子ではない子（**婚外子**《こんがいし》）です。以前に別の相手との内縁（事実婚）で生まれていたり、愛人の関係で生まれた子がこれにあたります。

被相続人の子であることに変わりないわけですから、当然相続権が認められていいはずです。しかし、相続法（民法の相続編）では、当然にこれらの子に相続権を認めてはいません。被相続人が男性なら、自分の子であると認める「**認知**」を受けた子だけが相続人となることができます［女性（母親）と子の親子関係は父子関係と違って出産の事実により明白なので、母からの相続には認知不要です］。

●認知はどのようにして行われるのか

婚姻届を出した正式の夫婦の間に生まれた子を**嫡出子**《ちゃくしゅつし》、婚姻外で生まれた子を**非嫡出子**《ひちゃくしゅつし》と呼んでいます。**認知を受けた非嫡出子は相続権が認められます**。非嫡出子の父親は、いつでも自発的に認知を行えます（これを**任意認知**といいます）。ただし、子が胎児の場合には母親の承諾を、子が成年に達している場合には本人の承諾が必要です。認知が行われると、出生の日に遡って非嫡出子との親子関係が発生します。

認知は市区役所や町村役場に備えつけてある「認知届」に所要の事項を記載して、市区町村長に提出すればよいのです。

父が認知をしないときには、認知を求める調停（調停が不成立なら訴訟）を起こすことができます（これを**裁判認知**といいます）。父の死後でも３年以内であれば、検察官を被告として訴えを起こせます。認知の届出がされると戸籍に記載されますので、戸籍謄本を見ればわかります。

●認知があった場合の相続は

認知を受けた子は父の遺産を相続でき、相続できる相続分は実子（嫡出子）と同等です。かつては嫡出子の半分でしたが、法の下の平等に反すると最高裁が認め、これを同じにする民法改正がなされました（平成25年12月11日施行⇒下記ポイント参照）。

なお、遺産分割の終了後に裁判によって認知が認められた場合には、認知を受けた子は、すでに遺産分割で遺産を取得した相続人に対して遺産分割のやり直しの請求ができますが、すでに財産の処分が終わっている場合には、価額による支払い請求ができるだけです。

亡くなった人（被相続人）の妻と親が相続人、あるいは妻と兄弟姉妹が相続人となっていたときに、認知を受けた子が現れると、その子は被相続人の妻と共に相続人となり、被相続人の親や兄弟姉妹に相続権はなくなります。新たに相続人となった子は、**相続回復請求権**を行使して、被相続人の親あるいは兄弟姉妹に遺産を請求できます。

ポイント

非嫡出子の相続分を嫡出子《ちゃくしゅつし》の半分と定める民法900条４号は憲法違反とする最高裁の決定（平成25年９月４日）を受け、双方の相続分を同等とする改正が行われました（同年12月11日施行）。違憲決定日の翌日＝同年９月５日以後に開始（被相続人が死亡）した相続から適用されますが、それ以前の相続でも、平成13年７月（最高裁が違憲判断をした現実の事件における相続開始時期）以降平成25年９月４日までに遺産分割協議が未確定のケースでは、嫡出子と非嫡出子の相続分は同等として扱われます（確定していれば法改正の効力は及ばず、非嫡出子の相続分は嫡出子の２分の１のまま）。

---

8 相続はどうしても受けなければいけないのか

➡3か月以内に相続放棄をすれば相続人でなくなる

●相続するかどうかは相続人の自由

法定相続というのは、被相続人に所属していた財産を、被相続人が亡くなったときに、法定相続人が受け継ぐことをいいます。民法では、被相続人の配偶者、近親者を、法定相続人として規定し、相続権を持つとしています。

しかし、相続財産の中には預金や不動産といったプラス財産もあれば、借金やローンなどのマイナス財産もあります。民法では、被相続人の死亡により、被相続人に属した権利や義務は、ともに相続人に相続されると定めています。

被相続人に借金などの債務が過大にある場合、相続の開始によって当然に相続人に帰属させるとなると、きわめて酷な結果になります。

そこで民法では、法定相続人と決められている者が、相続を希望していないときには、相続することを放棄して、相続人の地位から離脱できるとしています。

この**相続放棄**は、被相続人がマイナス財産を多く抱えている場合に限られず、たとえば相続争いに巻きこまれるのが嫌だなど、相続人の自由な意思で相続放棄ができることにしています。

●相続放棄の手続きと効果は

相続放棄をしたい相続人は、自分が相続できることを知ったときから3か月（**熟慮期間**といわれています）以内に、家庭裁判所に対して、**相続放棄の申述**をしなければなりません。家庭裁判所では、相続の放棄が

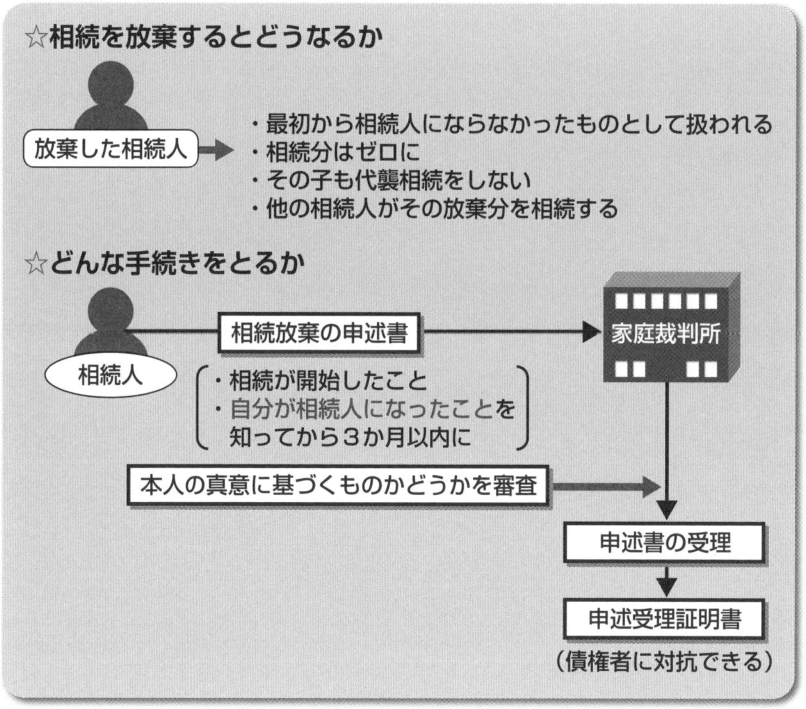

本人の真意によるものかどうかを確認し､その上で申述が受理されます。受理されると、家庭裁判所から**相続放棄申述の受理証明書**が交付されます（強硬な債権者にはこれで対抗できます)。

相続財産が多岐にわたり、３か月以内ではとても相続を承認するか放棄するか決められないときは、家庭裁判所に期間の延長を求めることができます。相続放棄が行われると、放棄をした相続人は最初から相続人ではなかったことになり、他の相続人が法定相続分に従った相続をすることになります。そのため、借金を相続しないための放棄では相続人全員の放棄もあります。

問題になるのは、相続放棄をした相続人に子がいたとき、親に代わって相続できる**代襲相続**《だいしゅうそうぞく》ができるかどうかです。これについては、昭和37年の民法の一部改正により、代襲相続ができないことを明らかにしています（887条２項)。

相続人の確定 ❽

9 相続人の相続権がなくなってしまうのはどういうときか

➡相続欠格や相続人の廃除でも相続資格は失われる

●相続人の欠格とはどんなことか

被相続人の配偶者や子などが法定相続人とされているのは、被相続人との家族的共同生活がその根底にあるからです。民法では、このような家族的共同生活関係を破壊したり危険に陥れようとする者は、**相続欠格者**として、相続権を認めないことにしています（891条）。

相続欠格者とされるのは、次の５つの場合です。

① 故意に被相続人または先順位や同順位にある相続人を死亡させ、もしくは死亡させようとしたために刑に処せられた場合。

② 被相続人が殺害されたことを知って、これを告発せず、または告訴しなかった場合。

③ 詐欺または強迫によって、被相続人に相続に関する遺言をさせたり、撤回・取消し・変更をさせたりした場合。

④ 詐欺または強迫によって、被相続人が遺言をしたり、その撤回・取消し・変更をしようとしたりするのを妨げた場合。

⑤ 遺言書を偽造し、変造し、破棄し、または隠匿《いんとく》した場合。

なお、相続欠格者かどうかは、裁判所の判決によって決まるのではなく、欠格事由があれば何ら手続きを要せず相続人の資格を失います。

ただし、この場合には欠格者に子がいれば代襲《だいしゅう》して相続します。

●相続人の廃除とはどんなことか

相続欠格ほど厳しい制度ではありませんが、相続人から相続権を奪ってしまう制度に、「**廃除**《はいじょ》」があります。

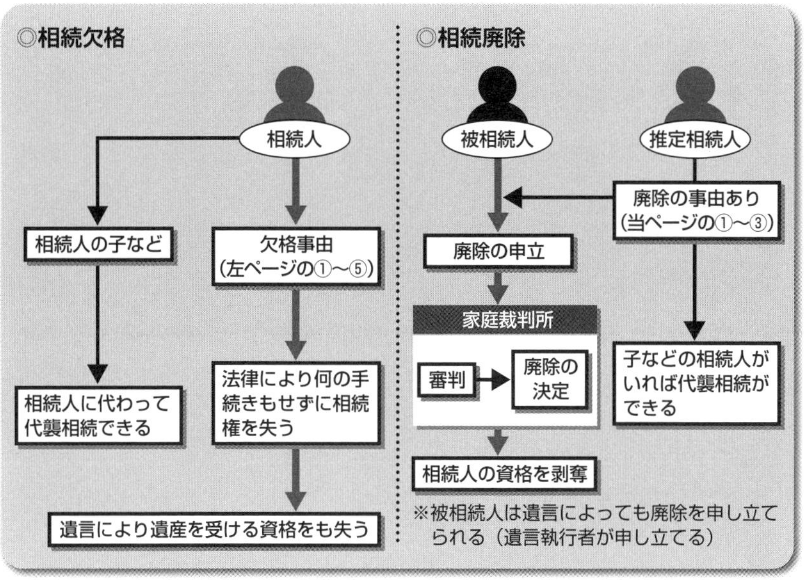

民法では、遺留分（１円も遺産を受け取れない遺言をされても必ず受け取れる遺産の一定割合）のある推定相続人（いずれ相続人になる人）が、①被相続人を虐待したとき、②被相続人に重大な侮辱を加えたとき、③その他著しい非行をしたときには、被相続人は家庭裁判所に対し、その者の相続資格を奪うよう請求できます。廃除の対象を「遺留分を持つ推定相続人」に限るのは、遺留分がなければ遺言を書いて、その者の受取りをゼロにできるからです（相続人になりうる者でも兄弟姉妹には遺留分がないので、兄弟姉妹は廃除できません）。

廃除の申立ては、被相続人が生前に家庭裁判所に申し立てることも、また遺言による申立てもできます。遺言による場合には、定めておいた遺言執行者が家庭裁判所に申立てを行います。廃除を申し立てると暴力をふるうおそれがある場合には、遺言による方がベターでしょう。

廃除が認められると、廃除を受けた相続人は相続権を失いますが、その者に子がいれば、その子が代襲相続をすることになります。

また、被相続人が廃除を取り消したいと思えば、家庭裁判所に廃除取消しの申立てをすることができます。

遺産の確定 ❶

10 遺産はどのようにして探せばいいか

➡家宅内の証書類を調べ、縁のあった金融機関などもあたる

●どうして遺産の調査は必要か

相続の対象となる遺産は、被相続人が死亡し相続が開始したときに、被相続人が所有していたすべての財産が対象となります。これには借金などのマイナス財産も含まれます。

遺産について、全体を把握しており、よく知っているのは被相続人本人です。しかし、相続が開始したときには、被相続人はいませんから、どのような遺産があるかを相続人が調べるしかありません。

被相続人が、生前に遺言書を作成しており、遺言書の中でどの遺産を誰に相続させるかを指定してある場合もあります。しかし、遺言書を作成するのは、老いてからの場合が多く、記憶も若いころに比べて衰えていますので、漏れがあったり、記憶違いがある場合も少なくありません。

ですから、遺言のあるなしにかかわらず、遺産の調査は相続する場合に欠かせない必要なことがらです。

●まずは遺産に関する情報の収集から

遺産に関して事情に通じているのは、共に生活をしていた配偶者あるいは子どもかもしれません。しかし、遺産と一口に言っても、相続の対象になるものは債権・債務や知的財産権など目に見えないものもあります。あるいは、特定の子にしか話していない財産もあるかもしれません。

そこで、相続すると決まったら、遺産分割の話合いをする前に、一度相続人が全員で、それぞれ遺産に関する情報を持ち寄って話し合うのがベターです。たとえば、被相続人が、インターネットに詳しい次男に頼

んで、ネットバンキングをしている、などということもありえます。

親族だけの情報だけでは十分とはいえません。被相続人に親しい友人がいれば、当たってみることも必要でしょうし、税理士や弁護士に仕事を頼んでいたり、業界で付き合いの深い人がいたようでしたら、やはりこれにも当たってみるべきでしょう。

●どんなところを調査するか

遺産のうち比較的価値のあるのは、**不動産**と**預貯金**、それに株や国債などの**有価証券**でしょう。不動産は、権利証（登記済証）を調べることでわかります。預貯金や有価証券は、実際に取引のある金融機関だけでなく、昔つきあいのあった金融機関にも当たって調べてみてください。最近は、ネット銀行やネット証券で資産の管理・運用をする人も多いので、被相続人のスマホやパソコンも重要な調査対象です。

なお、令和３年５月に公布された「預貯金者の意思に基づく個人番号の利用による預貯金口座の管理等に関する法律」により、令和６年４月１日からは、相続人は遺産相続に必要な場合、預金保険機構に対し、被相続人の預貯金口座のあるすべての金融機関と店舗名、預貯金の種別と口座番号の開示を請求することができるようになりました（法８条）。

ポイント

相続とは、被相続人に属する一切の権利義務を承継することですが、例外もあります。一身専属権といわれているもので、被相続人だけが享有できる権利です。これに当たるのが扶養を受ける扶養請求権や恩給請求権などで、被相続人の身分を前提とする権利がこれにあたります。しかし、離婚後の財産分与請求権は一身専属権ですが、いったん相手方に請求すると具体的な権利となりますので、相続の対象となります。

なお、借金などのマイナス財産も相続の対象ですが、一身専属性の強い身元保証債務は相続の対象とはなりません。

遺産の確定 ❷

11 遺産にどんなものがあるかを調べるにはどうすればいいか

➡とりあえず遺産目録を作成してみよう

●遺産の全貌を把握するためには

借金などマイナスの相続財産が多ければ、相続をやめる「**相続放棄**」をすることができます。また、相続財産関係が複雑で、プラスの相続財産とマイナスの相続財産が入り組んでいる場合には、プラスの相続財産の限度でマイナスの財産を相続する「**限定承認**」を家庭裁判所に申し立てることもできます。その際、相続財産目録を作って、提出し、プラスの財産でマイナス分（借金など）を穴埋めして、埋めきれればよし（余れば受け取れる）、足りなくてもその限りで終了、という方式です。

そのような特別な場合でなくても、遺産分けをする前には、その目的となる財産にどういう物があるかをはっきりさせることは必要なことです。相続財産の多寡にもよりますが、**財産目録**を作成することを勧めます。これは遺言書が残されている場合にも必要なことです（遺言が相続分＝割合だけの指定であったり、財産の記載漏れもあり得るからです）。

●遺産目録はどのようにして作成すればいいか

たいていの人は、「わが家には遺産目録を作るほど財産はない」と思いがちです。しかし、被相続人が一生かけて築いてきたわけですから、思いもかけない財産が出てくることもあるのです。

では、遺産目録はどのような手順を踏んで作ればよいでしょうか。

まず、手始めは遺品の整理から始めてください。遺産に関する書類等が出てきたら、それを書き記しておきましょう。右のチェックリストの分類を参考にして、項目を書き出していきます。

遺産を探すためのチェックリスト

遺産の種類	何をどのようにして探すか	チェックの有無
不動産関係	固定資産税の納付書、権利証を捜索。ローン(抵当権)の有無も登記簿で調査。農地、山林、工場、貸地、貸家、借地、借家など	
銀行預金	取引銀行の口座を探す（名寄せを頼む)。	
株式、債券など	取引報告書や管理口座の通帳を探す、取引のある証券会社を調べる。債券は国債・社債など	
債権・債務	帳簿や契約書を探す。売掛金、貸付金などの債権・債務	
工業所有権関係	著作権、特許権、実用新案権、商標権、ノウハウなど	
動産関係	機械類、自動車、船舶など	
宝石、書画、骨董など	貸金庫の有無を調査。書画・骨董などは鑑定が必要な場合も	
その他	商号、のれん、得意先、損害賠償請求権、衣類など	

※生命保険金・死亡退職金については次項参照

調査が必要になる遺産、たとえば、古い預金通帳があれば、その金融機関で、被相続人名義の他の預金口座がないかどうか「**名寄せ**」を頼むと、調べてもらえます（遺産となった預金額の確定のために銀行で口座の**残高証明書**を発行してもらえば、その銀行限りですが他支店も含むすべての口座と残高がわかります。前項参照)。また、上場会社から事業報告書や株主総会の招集通知書などがきていれば、株券は出てこなくても株主であることは想像できますので、これも調査の対象となります。

●最後は相続人が集まってチェックを

金銭貸借契約書や借用書があれば、債権・債務の存在が推定できますが、書類がなくても債権・債務があることがあります。妻には内緒で友人に事業資金を融通している（あるいは借りている）こともあり得ます。

とりあえずは、遺産目録ができあがったら、相続人が集まって、相続財産に漏れがないかどうか、あるいは財産として掲げられたものに欠陥がないか、他人の保証人になっている場合、保証債務はないか、などを話し合ってみるのがよいでしょう。

遺産の確定 ❸

12 生命保険金や死亡退職金は遺産分割の対象になるのか

➡遺産分割にはかけない原則だが、巨額の場合は考慮される

●生命保険金は遺産になるのか

被相続人が亡くなったときに、相続財産として多額の預貯金等があれば、生命保険金が特に問題になることはあまりありませんが、そうでない場合には、保険金の受け取りをめぐって争いになることもあります。

一般には、死亡生命保険金の受取人は、保険契約で受取人として指定されている者が受け取るわけですが、指定のしかたが被相続人その人である「本人」あるいは「相続人」となっている場合も少なくないのです。

指定のしかたが「本人」となっていた場合には、保険金は相続財産となり、法定相続分に従って相続人が受けとることになります。一方、指定のしかたが「相続人」となっていた場合には、相続ではなく、保険契約によって相続人が固有の保険金を受け取ることになります。

●一人の相続人がもらいすぎになる場合は

被相続人の残した遺産の総額が1000万円で、生命保険金の受取額が8000万円という場合に、指定された受取人だけがこの8000万円を受け取るとなると、いかにも相続人の間での不公平感が生じてきます。

これについて最高裁の判例では、死亡保険金は生前贈与または遺贈とはならないが、**相続人の間で著しく不公平な特別の事情がある場合には、特別受益に準じて考慮される**ものとし、具体的には、保険金の額や保険金額の遺産総額に対する比率、保険金を受け取る相続人と他の相続人と被相続人との関係を考慮して決めるべきとしています（平成16年10月29日判決）。

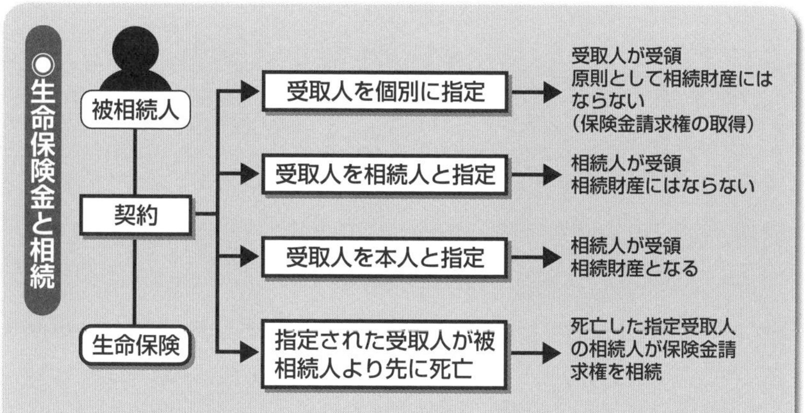

※生命保険金の受取人である相続人とその他の共同相続人との不公平が著しいものである場合には特別受益として考慮される（最高裁判決・平成16年10月29日）。

特別受益とは、相続人の一人が被相続人の生前に結婚資金や独立資金などを援助してもらっていた場合には、その分を遺産の総額に組み入れてから相続分を計算し（受益者のところに流出していた財産の額を元に戻す作業）、受益者の相続分からは援助を受けた分を控除して、相続人間の公平をはかる制度です（民法903条１項）。

●慰謝料請求権や死亡退職金の場合は

かつては交通事故などにより死亡した場合には、被害者の遺族の**慰謝料請求権**の相続を認めていませんでした。しかし、その後、最高裁は昭和42年11月１日の判決で、**慰謝料請求権も、被害者がこれを放棄する意思表示をしないかぎり、相続の対象となる**ことを認めています。

ですから、慰謝料請求権も遺産分割の対象となります。

死亡退職金は、受取人について、法律や会社内規によって決められています。これらの定めに従って退職金を受け取る場合は、受取人固有の権利であり、相続の対象とはなりません。このような法律や会社の内規がない場合は、これを相続財産とみるかどうかは、家庭裁判所の裁判例でも見解が分かれていますが、相続財産とする例が多いようです。また、特別受益となるかどうかについても判例は分かれています。

13 遺産のそれぞれの値段はどう評価すればいいのか

➡値動きのあるものの時価評価をいつの時点でするかがカギ

●遺産の評価が必要なわけは

被相続人が遺言によって、特定の遺産を、特定の相続人に相続させるという相続の方法を指定した場合でないかぎり、相続人は全員で話し合って（分割案を持ち回ることでもいいのですが)、誰が何を具体的に相続するかを決めなければなりません。

遺言で各相続人の相続分が指定してあっても、あるいは法定相続分どおりに分ける場合であっても、誰が、実際に何を受け取るかは、一番問題になるところです。現金、預金、有価証券などであれば、事は簡単ですが、不動産、書画骨董など、財産的な価値がはっきりしないものについては、個々の遺産をいくらと評価するかが、分割をする前提として重要になってきます。

全部の遺産について、これをいくらとして評価するかが定まらなければ、公平な遺産分割はできないでしょう。

●いつの時点での評価をすればよいか

物の価値というのは時の流れによって変わってきます。たとえば、不動産物件については、同じ物件でもバブルの頃やリーマンショック時でかなり変動があります。

現金を相続する者と株を相続する者とがいる場合、株は日ごとに変動しますから、いつの時点で株の評価をするか、また、不動産を相続する場合には、遺言者は、５年間遺産分割を禁止することができますが、５年の間には不動産の価値が経済状況により変わってきたりもしますか

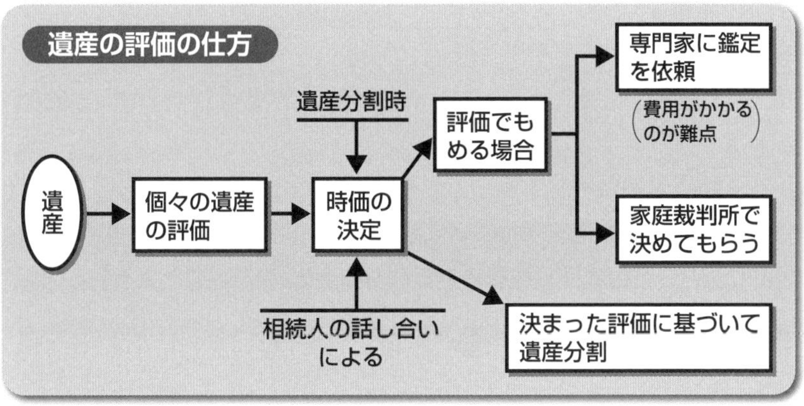

ら、いつの時点でその評価＝値踏みをするかが問題となってきます。

裁判所の考えは、遺産の客観的価値は、実際の取引価額、すなわち**時価によるのが正しい評価方法**であるとしています。

では、その場合、相続の開始した時点で評価するのか、遺産分割時の時点で評価するのかですが、家庭裁判所の審判例では相続時とするものもありますが、**一般には分割時とする例が多い**ようです。

●誰がどのように評価するのか

中古家具のようにほとんど値のつかないものとか、預貯金など金額のはっきりしたものの場合には、評価をめぐってもめることはありませんが、不動産、書画骨董、宝石などは、評価が問題となります。

誰からも文句のでない評価方法は、個々の遺産についてその道の専門家に鑑定を依頼することです。ただ、鑑定を依頼する物によっては、鑑定料が高くつきます。その場合には、相続人等がその物の相場を調べて、話合いで決めるのも一つの方法です。

基本的には、物の評価は、その物の時価によります。評価が問題になっている物を売却し、その代金を分割するというのであれば、評価でもめることはありませんが、遺産の対象となっている物を各相続人が相続するという場合は、評価の問題は避けて通れません。個別の遺産の評価については、次の項で詳しく説明します。

14 遺産の具体的な評価方法はどうするか

➡一律に決まらないものは相続人間の納得づくりが大切

●現金や預貯金で問題になることは

遺産が現金や預貯金の場合には、金額がそのまま価値をあらわすのですから、評価云々の話は出てきません。面倒な手続きを踏まなければならないのは、金融機関の預貯金を引き出す際です。

引き出す権利を持っていたのは、預貯金の名義人である被相続人です。そのため相続人が預貯金を引き出すには、預貯金の名義変更か解約が必要です。その際、金融機関から相続人であることと、後になって追加の相続人が現れないことの確認のための資料として、被相続人の出生から死亡までの戸籍（除籍）謄本と相続人全員の戸籍謄本が要求されます。

これと一緒に、相続人全員の実印を押し印鑑証明書を添付した「**相続届**」を提出しなければなりません。

また、問題になるのは、被相続人が孫の名義で預貯金をしていた場合です。これは、その預貯金が相続財産か孫へ贈与されたものか、ということですが、預金通帳が被相続人の手もとにあり、そのことを孫に知らせず、被相続人が自分の用途で出し入れしていたなどの事情があれば、まだ孫のものとはなっておらず相続財産とみてよいでしょう。贈与であるためには、相手に知らせ承諾を得ることが必要だからです。

なお、預貯金等の可分債権については、原則として被相続人の死亡により相続人らに当然に分割され、遺産分割の対象ではないとされていましたが、最高裁判所・平成28年12月19日決定は、預貯金（可分債権）も遺産分割の対象になるとしました（家庭裁判所ではもともと実務上、当事者間に合意があれば遺産分割の対象としていました）。

「路線価」による宅地評価額の計算例〔普通住宅地区〕

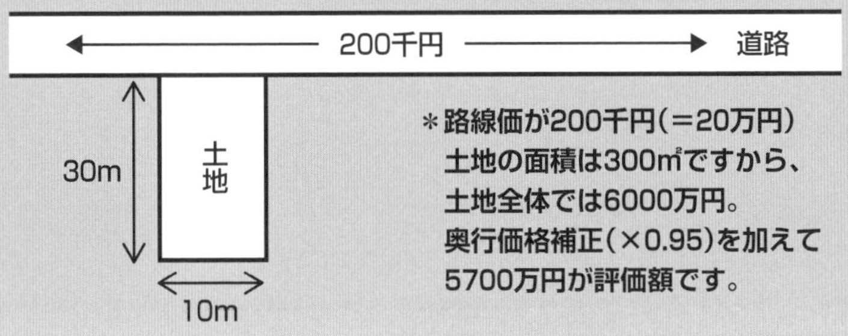

●不動産の評価はいくつかの方法がある

一般的には、遺産のうち財産的な価値をしめるのは、住まいである住宅やマンション等の不動産でしょう。同じような土地・建物でも、立地条件により変わってきますし、また景気の変動によっても影響を受けがちです。さらに土地の評価を困難にしているのは、公的な評価がいくつもあることです（１物３価とも１物５価ともいわれています）。

① その一つが「**固定資産評価額**」です。これは土地や家屋に対する固定資産税を決定する基準となり、実勢価格（実際の売買価格）よりは低くなっています。市区役所や町役場へ行けば調べることができます。

② 同じ課税でも相続税を決定する際の基準として用いられているのが「**路《ろ》線《せん》価《か》**」です。これは土地について、道路に面した標準値の１㎡当たりの値段を示すもので、道路から奥まった土地はマイナスの補正値を掛けて算出します。土地の所在する市区町村の税務署へ行けば「路線価図」を閲覧できます（国税庁のホームページでも見られます）。

③ さらに国が土地取引の指標となる基準を示すものとして、毎年１回、地価公示法に基づいて全国の地価を公示する「**公示価格**」があります。これは国の委嘱を受けた不動産鑑定士が標準値の近隣の取引価格などを参照して価格を決めるもので、１㎡当たりの更地の価格を示します。

①と②は課税するための価格ですので、公示価格よりも低めに設定されており、①は公示価格の約70％、②は約80％と言われています。

◎**固定資産税評価額**

⇨市区町村役場の税務課（東京23区は各区の都税事務所）にある固定資産課税台帳で調べます。毎年６月ごろ税務署から所有者あてにくる課税通知にもこの評価額が記載されています。

固定資産税評価額　＝　土地の公示価格 × 約 0.7

◎**路線価**

⇨その不動産のある市区町村の税務署で「路線価図」を閲覧します。「路線価図」は国税庁のホームページで見ることもできます。

路線価　＝　土地の公示価格 × 約 0.8

（注）土地の公示価格は、地価公示法により、選ばれた標準地ごとに公的な評価額が一般に公表されているもの

正確を期するのならば不動産鑑定士に依頼して、評価額を出してもらえばいいのですが、結構費用がかかります。手っとり早いのは近所の不動産屋さんに相場を聞いてみることです。遺産分割協議の席で話し合う目安となればいいのですから、それで足りる場合も多いと思います。

●借地権や借家権、アパートなどの評価

土地を貸して、借りた人が家を建てて住んでいる場合には、その借地人は**借地権**を持ちます。一般の借地権は、地域によって異なりますが、更地価格の６～８割の価値を持つもので、これも権利として相続の対象となります。反対に、土地を貸している人は、**底地権**（土地上に借地権の負担を負った所有権）のみを持つことになり、更地価格から借地権価格を差し引いたものがその土地（底地）の値段となります。

一般の借地権は借地借家法によって守られ、ほぼエンドレスに権利更新を認められるので大きな値打ちを持つのですが、同じ借地でも「**定期借地権**」は、借地期限がくれば必ず土地を明け渡さなければなりません。そのために当初は通常の借地権と同程度の借地権価格ですが、期限が迫るにつれて借地権価格は低下し、期限がくればゼロ、反対に底地権価格が更地価格と同じになります。

家屋やアパートを人に貸していれば、借りている人は**借家権**を持ちます。すなわち、借家権の価格の分だけ、貸している人の権利は減少します。借家権の価格は、人に貸していない場合を１（100％）とすれば、その30％（一部の地域では40％）程度です。貸している側からすると、借家の建物評価額は、固定資産評価額の70％としてよいでしょう。

●動産類の評価

電気製品とか日常使用してきた家具などについては、話合いで決めればよいでしょう。宝石、金、プラチナなどの貴金属は一定の相場価格があり、これを参照して決めます。書画骨董は鑑定書でも付いていれば別ですが、偽物も多く、たいして値がつかないのが実情です。評価でもめたら、専門家に鑑定に出して値段を決めてもらうのも一つの方法です。

自動車、船舶には中古市場の価格がありますので参考にするとよいでしょう。先祖伝来の刀とか母親の形見とか、思い入れのある物については、相続人同士で納得のいく話合いをして決めるのがよいでしょう。

●株式などの有価証券の評価

相続の対象となった株式が**上場株式**か**非上場株式**かで評価の方法は異なります。上場株式は値段の相場が新聞などに毎日掲載されていますので、対象となっている株式の値段を知るのは容易にできます。問題は、いつの時点での相場によるかです。相続開始のとき（被相続人の死亡時）にするか、その前後１週間の平均にするか、あるいは遺産分割協議の時点にするかなど、相続人同士の話合いで決めればいいでしょう。

非上場の株式の場合には，公の株式市場がありませんので多少面倒です。参考になるのは相続税が課税される場合の計算方法です。この場合には、会社の資産額を調べます。これから負債や税金などのマイナス部分を差し引いた残りの金額を純資産額とみなし、この純資産額を発行済みの株式総数で割ったものが１株の評価額となります。

なお、非上場株式でも、**登録銘柄・店頭管理銘柄の株式**であれば、「**気配相場のある株式**」として値段がついています。

●相続の対象に債権や有価証券がある場合の評価

一口に**債権**といっても、いろいろなものがあります。金銭債権の代表は**貸金債権**と**売掛金債権**。問題になるのは容易に回収できる債権かどうかです。回収不能であれば値段はゼロ。どのくらいの確率で回収が可能かどうか、相続人同士の話合いで決めることになります。

その点、債権が**手形債権**や**小切手債権**の場合には、他の債権に比べれば回収できる可能性が高いといえます。

社債や国債のような**無記名の有価証券**は、現在ではすべて電子化(ペーパーレス化)されて、保有者が金融機関(証券会社や信託銀行など)に開設した口座で管理されており、相続人がこれを取得するには名義変更の手続き(口座の振替え)をしなければなりません。相続人同士の話合いで誰か一人に取得させるか、売却して代金を分割するのが簡便でしょう。

ゴルフ会員権の場合には、会員権規約に会員が死亡したときは会員資格を失うと定めてあれば、相続や譲渡はできないことになります。ただ最近では、財産的価値を重視して相続を認めるゴルフ会員権もありますので、会員規約に当たって調べてみることが必要です。相続が可能なゴルフ会員権の場合でも、名義書換料を差し引くなどで会員権の相場価格の70%程度の価格になるようです。

●借金などの債務がある場合

大きな債務がある場合には、相続人が相続放棄をする場合もあるでしょう。法定相続の建前では、**債務の相続については、法定相続分に従って各相続人が相続する**ことになっています(放棄をするなら自分の相続分全部で、マイナスの借金だけ放棄するわけにはいきません)。

相続人の一人が遺産分割協議で債務を引き受けることにすると、相続人の間では有効ですが、債権者の側では支払能力の低い人に引き受けられても困りますから、債権者の承諾がない限り、法定相続分どおりに請求されます。債務については、評価の問題はあまり起こらないでしょう。

遺産の確定 ❻

15 一部の相続人だけ相続開始前に財産をもらっていたらどうするか

➡遺産分割では相続時の遺産に生前贈与分も加えて考える

●遺産分割は公平が原則

相続人は配偶者と子２人、遺産総額は6000万円。しかし、子のうちの１人は建売住宅を購入する際に、被相続人から2000万円出してもらっている、という場合、この**生前贈与**を度外視して法定相続分どおりに遺産分割を行うのは、公平ではありません。

これは生前贈与だけに限りません。**遺贈《いぞう》**（法定相続とは別建てで遺言によってする贈与）を受けた相続人がいる場合にも同様のことがいえます。これを「**特別受益者**」と言っています。

民法は、相続人の公平を図るために、相続人の中に特別受益者がいる場合には、相続開始時の遺産に特別受益者の受けた財産の価額を加えたものを相続財産とみなして（「**持戻《もちもど》し**」の作業…ただし遺贈分はまだ相続時の遺産の中から出ていないので加えない)､そのみなし財産額をベースに遺産分割を行います（遺言で別の指定がない場合…903条)。

特別受益を受けていない相続人は、この「持戻し」によって、他の相続人への特別受益分を遺産の中に戻した額をもとに相続分を受け取れます。一方、特別受益者の受取り額は、持戻し後の額で計算した法定相続分から特別受益額を差し引いたものになります（遺贈の場合は、いったん差し引いたあとで改めて遺贈分を受け取ります)。

●特別受益にあたる生前贈与は

相続人が誕生日に背広を買ってもらった、入学祝いにお金をもらったなどが、すべて特別受益となるわけではありません。民法では、特別受益にあたる場合を次のように限定しています。

① **結婚または養子縁組のための贈与** ⇒ 持参金、嫁入り道具、支度金などがこれに当たり（少額で扶養の一部と認められる場合は該当しない）、結納金や挙式費用は実務上確立した扱いはないようですが、親のためという一面もあるので原則として含まれないと思われます。

② **生計の資本としての贈与** ⇒ この場合の贈与は、親と世帯を別にして独立する際に、建売住宅の資金を援助してもらったり、家を新築してもらったり、営業資金を出してもらったというような場合です。

③ **特別な教育費用** ⇒ 一人だけ高等教育を受ける学費を出してもらったり、留学をさせてもらった場合です。大学への進学費用がすべて含まれるわけではなく、家の経済状況からして無理をして進学させたとか、医学部など特に学費の高いところに通わせたなどに限ります。

●特別受益がある場合の相続額の計算方法

被相続人が死亡したときの遺産の総額に、共同相続人が生前贈与を受けた金額（現在の時価に換算します。次項を参照）を加えます。これが遺産分割の対象となる遺産となります。事例の方がわかりやすいので、事例で説明してみましょう。

◎相続人は配偶者と子２人
◎子のうち１人が特別受益者（1000万円を受け取っていた）
◎被相続人死亡時の遺産総額は5000万円

まず、遺産総額に特別受益の額を加えます。

5000万円＋1000万円　＝　6000万円

これを法定相続分に従って相続額を計算します。

配偶者6000万円×2分の１＝3000万円

子は各自6000万円×4分の１＝1500万円

特別受益を受けた子の相続額は、これから受益額1000万円を引いて５00万円。配偶者と特別受益のない子は法定相続分どおり。

遺産の確定 ❼

16 特別受益者の受けた財産をいつの基準で評価するか

➡基本としては相続時の基準で評価する

●受けた財産の評価時期は

特別受益とみなされる遺贈の場合には、遺贈を受けた財産の評価は、相続が開始した時点での評価となりますから、特に問題はありません。

問題となるのは、生前贈与を受けていた場合です。その生前贈与が10年前か、20年前なのかによって、評価が大きく異なってくるからです。たとえば、20年前に結婚に際して一戸建てを生前贈与で受けていたとしましょう。当時は4000万円でその一戸建てを買いました。しかし、現在ではその物件は3000万円に下がっているとします。

生前に贈与を受けた財産の評価については、相続開始のときを基準にして評価することになっています。ですから、買った当時は4000万円だったとしても、相続開始のときは値下がりして3000万円と評価されれば、受贈価額は3000万円ということになります。

●受贈財産が現在は存在しないとき

生前贈与を受けたときから相続開始のときまで、長期間を経過している場合には、生活に困って受贈財産を売ってしまったり、あるいは火災に遭って消滅したりして、無くなっているということも起こり得ます。

その場合には、そのような事態が天災など不可抗力によって生じたものかどうかによって、結論は変わります。不可抗力で受贈財産の価額が減少したり滅失した場合には、その相続人の相続分から受贈財産の価額を差し引くのは酷ですから、贈与を受けなかったものとして扱います。

これが受贈者の故意または過失による場合には、相続開始のとき、受

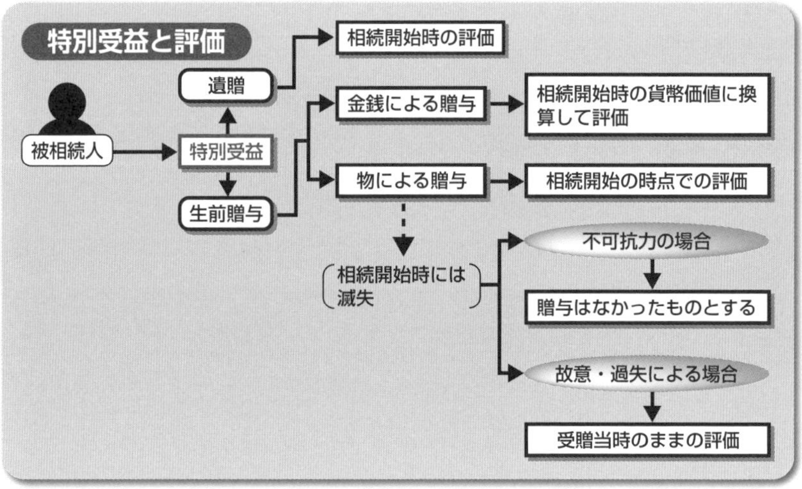

贈当時のままあるものとして評価することになります。

●金銭の贈与を受けていた場合の評価は

では、物ではなく、金銭の贈与を受けていた場合は、どうでしょうか。時の経過とともに、貨幣価値も変動します。30年前の100万円と今の100万円では同じ100万円でも価値が違います。

最近の判例では、金銭は物価指数によって相続開始のときの価値に換算して評価すべきだという考え方になっています。

ポイント

被相続人から相続人のうちの一人が大きな額の生前贈与を受けていた場合には、相続開始時の財産にその価額を戻して「みなし」の相続財産額とし、法定相続分に従って各相続人に割り当てます。生前贈与を受けた者の相続分は、その者の割当て額から生前贈与の額を引いた額となります。なお、生前贈与を受けた価額が大きすぎて引ききれない（マイナスになる）場合には、被相続人の「多く受け取らせたい」という意思を尊重して、受け取る額をゼロにするだけですませます。

遺言書があった場合 ❶

17 遺言が見つかったときの手続きはどうするか

➡遺言が出てきたら家庭裁判所に検認の申立てをする

●遺言の内容によって相続のしかたは変わる

自分が所有する財産は、生前であれ死亡後であれ自由に処分することができるのがわが国の法律の建前です。ですから、被相続人が、自分の死後は自分の財産を思い通りに妻や子どもに残したいと思えば、そのことを遺言書に記載しておけば、ほぼその思いは実現できます（完全に実現できないのは「**遺《い》留《りゅう》分《ぶん》**」という壁があるから。これについては後述）。

そのため、遺言が残されている場合には、法定相続に優先して遺言内容に従った相続（指定相続）が行われることになります。遺言の内容次第では、自分が考えていた相続分が変わるかもしれませんし、また希望していた遺産が他の相続人に行ってしまうかもしれません。そこで、被相続人が亡くなったときに残された相続人が最初にやるべきことは、被相続人が遺言書を残していないかどうかを確認することです。

●遺言書が見つかったらどうするか

遺言書を作成する方式にもいろいろあります。保管や偽造変造の問題が生じないのが、公証役場で作成してもらう「**公正証書遺言**」で、これから述べる「**遺言書の検認手続き**」は不要です。一番多いのは、被相続人が自分で作成した「**自筆証書遺言**」ですが、この場合にはこれから述べる検認手続きが必要です。ただし、被相続人が遺言書保管所（法務大臣指定の法務局）に遺言書を預けている場合は検認不要。相続人は電子データとして保管されている遺言書の内容を証明する書面（遺言書情報証明書）の交付を受け、そのままそれを相続手続に使えます。

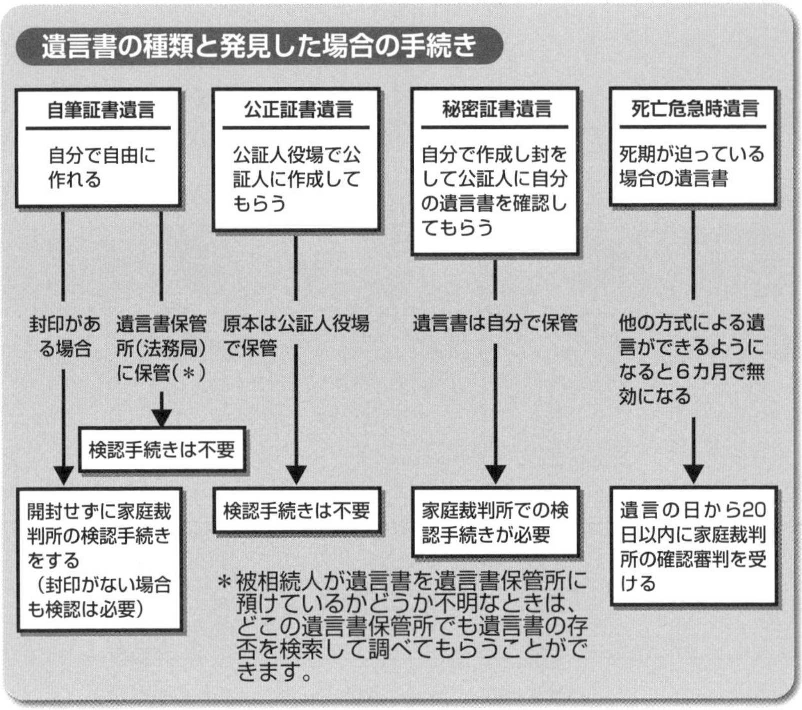

封印のある遺言書を発見した場合には、これを勝手に開封することはできません。この場合には、家庭裁判所に提出して、そこで開封してもらいます。勝手に開封すると、遺言書の偽造や変造を疑われることにもなりますし、また５万円以下の過料という制裁もあります。

家庭裁判所（相続開始地の）では、申立人、相続人など利害関係者を立ち会わせ、遺言書を開封して**検認**《けんにん》を行います。検認は、後日遺言書が偽造･変造されたりすることを防ぐための証拠保全のために行われます。具体的には、遺言書の用紙、筆記用具、内容、日付、署名、捺印の実情など検証し、調書に記載します。検認が終わると、**遺言書検認済みの証明書**が発行されます（遺産の名義変更で必要になります）。

ただ、この検認が行われたとしても、その遺言書が必ず有効というわけではありません。たとえば、検認を受けても書き方の方式（全文自筆が原則、署名押印と作成日付が必要）が守られていなければ無効です。

遺言書があった場合❷

18 遺言書で分け方の指定があれば遺産分割協議は不要なのか

➡遺言書があっても遺産分割協議は必要な場合がある

●遺言があるのに遺産分割協議が必要なのはどんな場合か

被相続人が、遺産を相続人などに相続させようとして遺言書を書くわけですが、その遺言のしかたによっては、相続が開始した後で相続人による遺産分割協議が必要な場合があります。

たとえば、「農業を継ぐ長男に田畑を相続させる」とだけ遺言書に記載されていれば、その他の遺産については、どのように分けるか遺産分割協議をして決めることが必要となります。また、「長女に遺産の２分の１を相続させる」というような相続分の指定が遺言の内容であった場合には、具体的な遺産を相続人の誰が受け取るかを話し合って決めなければなりません。

遺言の内容が、遺産のすべてについて詳細に誰に相続させるかを定めており、それについて遺言執行者が定めてあれば、その後に遺産分割協議を行う必要はないでしょうが、このような例はめったにありません。

遺言者の意思は尊重されなければなりませんが、遺言でカバーできない遺産の処理については、遺産分割協議で誰が何を相続するかを決めなければなりません。

●遺言内容と異なる遺産分割協議は可能か

遺言がない場合には、法定相続が行われ、法定相続分に従った遺産分割協議が行われます。ただ、具体的な遺産分けは、法定相続分どおりに行われるものではありません（金銭だけなら可能でしょうが）。そこで、**相続人全員が参加する遺産分割協議で全員一致で法定相続分と異なる遺**

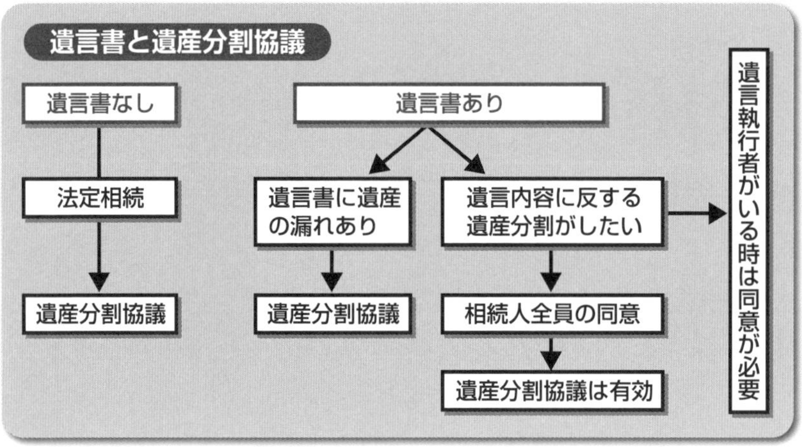

産分割協議を行っても有効とされています。これは、相続人には相続した遺産を自由に処分できる権限が認められているからです。

では、遺言で指定された相続分と異なる遺産分割協議はできるのでしょうか。

この場合も**遺言の利益を受ける者の自由意思による全員の同意があれば、遺言とは異なる分割をすることも自由**です。ただし、遺言で**遺言執行者**が決められている場合には、遺言執行者は遺言で決められた通りに遺言内容を実行しますから、遺言とは異なる遺産分割を行うことは、遺言執行者の同意が得られないかぎりは無理でしょう。

ポイント

法定相続人が被相続人から遺言によって特に「これ」と決められた遺産を受け取る場合、それは遺贈なのか、遺産分割の方法の指定のことなのかが微妙です（判例は原則的には遺産分割の方法の指定とします）が、いずれにせよ相続人は、相続人以外の受遺者がいなければ、その遺言の内容と異なる遺産の分け方をすることができます。これが有効とされる理由は、いったん遺言どおり受領した財産を、協議により全員一致で分割し直すと考えればわかりやすいでしょう。

遺言書があった場合 ❸

19 遺産分割は相続人だけで話し合って分けていいのか

➡遺言の内容によっては遺言執行者が必要な場合がある

●遺言執行者が必要な場合とは

遺言の内容によっては、相続人以外の者が遺言の執行にあたる場合があります。たとえば、被相続人に対して暴力をふるう息子を相続人から廃除したいという場合には、相続人以外の者が**遺言執行者**となることがあります。愛人の子を遺言によって認知する場合にも、遺言執行者による事務手続きをすることがあります。

遺言で一番多く見られる遺贈の場合には、遺言執行者でなくても相続人が執行を行うこともできますので、遺言執行者の選任は必要ない場合もあります（そのかわり遺言執行者が定められたら、遺言執行者のみが履行の任にあたらなければなりません…民法1012条２項）。

●遺言執行者を選任するには

被相続人が遺言書を作成する場合には、遺言で遺言執行者を指定することができますし、また遺言執行者の指定を第三者に委託することもできます。指定された遺言執行者も、これを受けるか断るかは自由にできますから、事前に打診しておく必要があります。

指定された遺言執行者が辞退したときには、相続人や相続債権者（亡くなった被相続人に対して債権を持っている者）などは相続開始地の家庭裁判所に申し立てて、遺言執行者を選任してもらうことができます。

家庭裁判所は、遺言の内容や執行の難易度などいろいろな事情を考慮し、適当な者を遺言執行者として選任します。遺言の執行にあたって、特に訴訟など法律的な判断能力を要求される場合には、弁護士を遺言執

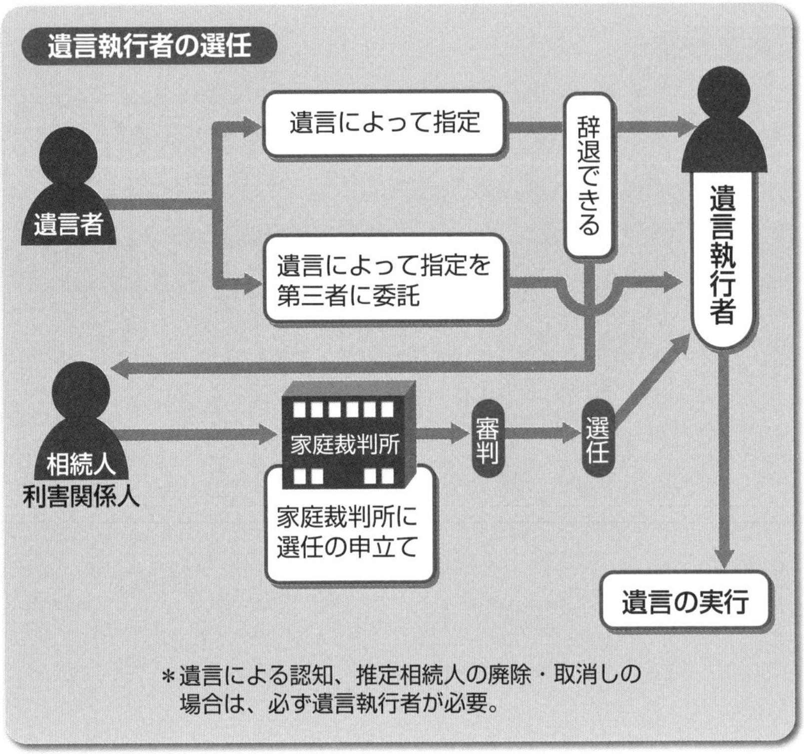

行者として選任する場合が多いようです。

●遺言執行者の仕事は

遺言執行者に選任された者は、相続財産の管理をはじめ、遺言の内容実現に必要な一切の行為を行う権利義務を持ちます。遺言執行者になることを承諾したときには、ただちにその任務を行わなければなりません。

たとえば、遺贈の目的が不動産であれば、その引渡や移転登記を行わなければなりませんし、相続人の一人が勝手に不動産を処分していた場合には、相続登記の抹消を請求する訴訟を起こさなければなりません。

このように遺言執行者が選任されている場合には、相続人は遺産の処分や遺言の執行を妨げるような行為をすることは禁止されていますから、相続人の行った処分行為は無効となります。

相続税の事前知識 ❶

20 相続税は必ず課税されるのか

➡〔3,000万円 ＋ 600万円 × 相続人の数〕の基礎控除がある

●相続税が課税される根拠は

国民が税金を納めるのは、憲法の規定する国民の三大義務の一つだからです。給与の支払を受けたり、ほかに収入があれば所得税が課税され、物を買えば消費税が課税されています。被相続人の財産は、そのような色々な税金を支払った残りの財産を蓄えたものです。それでも相続財産を取得した人には税金がかかってきます。これが**相続税**です。

相続税は、死亡した被相続人から無償で財産を取得した個人にかかってくる税金です。無償で財産を取得したものであれば、相続だろうと、遺贈だろうと、死因贈与だろうと相続税はかかってきます。

しかし、法定相続人でも相続放棄をしてしまえば相続人ではなかったことになるのですから、相続税が課税されないのは当然のことです。

●どんな遺産でも相続税はかかるのか

土地家屋などの不動産はもちろん、事業用資産、農業用資産、預貯金、株や債券など、経済的な価値のある資産は課税の対象となります（課税の対象とならない非課税財産もあります）。

では、鍋釜とか、背広などについても課税されるかですが、このようなものもかかるといえばかかりますが、無視できるほどの評価額です。

借金などのマイナス財産も相続の対象ですが、税金の面では**マイナス財産は相続財産から控除されます**。プラス財産から差し引いて残った財産が課税対象です。多くの人が抱えている住宅ローンも未払いの金銭債務ですから、支払い期限が未到来の分についても、債務控除の対象です。

相続税の基礎控除額

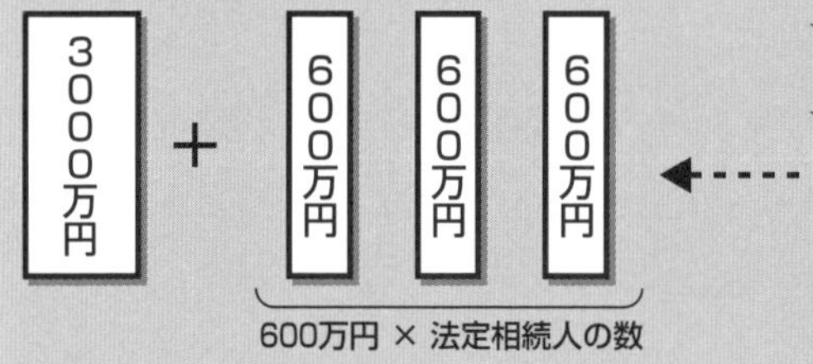

★相続税の改正により平成27年1月1日以降の相続につき適用。
★相続を放棄した人がいても、基礎控除の額は減りません。
★養子をとると基礎控除額は増えますが、人数制限があります
・実子がほかにいるときは１人、いないときは２人まで。
・ただし、再婚時の連れ子を養子にするのなら制限なしです。

●相続税がかかるかどうかの分岐点は

相続税は相続をしたすべての人にかかるわけではありません。少額の遺産しか相続しなかった人にまで課税するのは適当ではないからです。

そこで相続税法では、**基礎控除**の制度を設け、遺産総額が基礎控除額を上回る場合にのみ、相続税を課税することにしています。すなわち、遺産総額から基礎控除額を差し引いた金額がゼロ以下の場合には、相続税を支払う必要はなく、相続税の申告をする必要もありません。

では、この基礎控除の額ですが、3000万円に法定相続人１人につき600万円を加算した額となります。相続人が妻と子２人で計３人の場合の基礎控除額は、3000万円＋600万円×3人＝4800万円となります。

遺産総額が4800万円以下ならば相続税はかかりませんので、相続税の申告をする必要はありません（相続税がかかる場合には、相続を知ったときから10カ月以内に申告をします）。

この相続人には、実子だけではなく養子も含みます。遺言によって遺産を受け取る親戚（たとえば被相続人に子がいて相続する場合の兄弟姉妹）は、相続人ではなく受遺者（遺贈を受ける人）ですが、相続税法上は法定の相続人とともに（遺産額が基礎控除額を上回っている限り）相続税を支払わないといけません。

不動産にかかる相続税は、実際に売買される実勢価格ではなく路線価という評価額によりますので、かなり低くなります。相続税制では、他にも色々な特例を設けて相続税の軽減を図っています（次項を参照）。

相続税の事前知識❷

21 特例などで税金が軽減されるのはどういう場合か

➡遺族の生活に配慮した控除や評価特例がある

●相続財産とみなされるものとは

相続税がかかるかどうかを判断するためには、遺産の総額を確定する必要があります。相続財産は、被相続人が死亡する前に所有していた財産ですが、相続税法ではこれ以外にも相続財産として含めているものがあります。それがこれから述べる「**みなし相続財産**」です。一つは**生命保険金**であり、もう一つは**死亡退職金**や**弔慰金**です。

生命保険金の場合には、受け取った保険金の額から、相続人１人について500万円の控除（非課税）があります。妻と子２人が相続人の場合には、1500万円の控除です。

同様に死亡退職金の場合にも、相続人１人につき500万円の控除が認められています。弔慰金は本来なら非課税ですが、業務上の死亡の場合は給与の３年分の額、業務上の死亡でない場合には６カ月分の額を超える場合には、弔慰金ではなく退職金として取り扱うことにされています。

●配偶者には大幅な控除が認められている

配偶者は被相続人の財産の形成に大幅に貢献していること、また配偶者の老後の生活を安定させる必要などから、配偶者には大幅な優遇措置を認めています。これが「**配偶者の税額軽減制度**」です（内縁関係者には認められません）。

要点のみを記しますと、

①　配偶者が相続により取得した財産額が１億6000万円以下であれ　ば非課税にする。１億6000万円超でも法定相続分以下なら、やはり非課

税。

② 受け取る財産額が1億6000万円以上で、かつ法定相続分を超える場合は法定相続分の額にかかる税額が、本来の税額から控除される。

この配偶者控除の適用を受けるには、

① 配偶者が実際に遺産を取得していること

② この軽減措置を受ける旨の申告を必要書類を添付し行うこと

③ 原則として相続税の申告期限（相続開始を知ってから10カ月）内に遺産分割を終わっていること

以上の3つが必要です。

●小規模宅地の評価の特例

被相続人の居住の用に供されていた宅地等を、被相続人の配偶者、同居していた親族等が取得する場合、宅地の面積が330㎡までは80％の評価減（1000万円なら200万円になる）を受けられます。また、被相続人と別居していても生計を一にしていた親族（親が老人ホームに入り子が費用を負担していたようなケース）なら同じ特例の適用を受けられます（いずれも一定の要件あり）。

このほか、被相続人等の事業の用に供されていた宅地等についても、80％あるいは50％の評価減があります。適用条件が複雑なので、事前に税務署か税理士に相談することをお勧めします。

●その他の税額控除制度

＊未成年者控除　未成年の相続人については、成年に達するまで1年につき10万円の割合で計算した金額を相続税額から控除できます。

＊障害者控除　障害者が85歳に達するまで1年につき10万円の割合で計算した金額が差し引かれ、重度の特別障害者の場合は20万円で計算した金額が、同様に差し引かれます。

＊相次相続控除　父親の死後、数年を経ないうちに母親が死亡するというように、相続が10年以内に2回起こった場合には、前回の相続税の一定割合を後の相続の際に科せられる相続税額から控除できます。

●相続税のしくみ（令和６年１月１日以降）

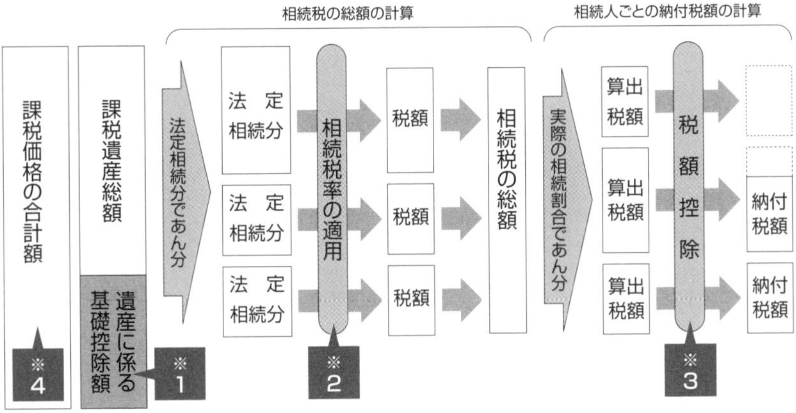

※１　遺産に係る基礎控除

遺産に係る基礎控除額　被相続人（亡くなった人）から相続又は遺贈によって財産を取得した人それぞれの課税価格の合計額が、遺産に係る基礎控除額（3,000万円＋［600万円に法定相続人の数を乗じた金額］）を超える場合、その財産を取得した人は、相続税の申告をする必要がある。

※２　相続税の税率

・相続税の速算表

各法定相続人の取得金額	税　率	
～ 1,000万円以下	10%	—
1,000万円超 ～ 3,000万円以下	15%	50万円
3,000万円超 ～ 5,000万円以下	20%	200万円
5,000万円超 ～ 1億円以下	30%	700万円
1億円超 ～ 2億円以下	40%	1,700万円
2億円超 ～ 3億円以下	45%	2,700万円
3億円超 ～ 6億円以下	50%	4,200万円
6億円超	55%	7,200万円

＊「各法定相続人の取得金額」⇒課税遺産総額（課税価格の合計額から遺産に係る基礎控除額＝3000万円＋法定相続人の数×600万円を控除した金額）を各法定相続人が法定相続分に応じて取得したものとした場合の各人の取得金額をいう

※３　税額控除・税額軽減

- **未成年者控除**➡18歳までの1年につき　10万円
- **障害者控除**➡85歳までの1年につき　10万円（特別障害者20万円）
- **配偶者の税額軽減**➡配偶者の取得金額が1億6,000万円か法定相続分以下なら非課税

※４　小規模宅地等の特例

▶小規模宅地等の特例　被相続人又は被相続人と生計を一にしていた被相続人の親族（以下「被相続人等」という）の事業の用又は居住の用に供されていた宅地等がある場合には、居住用であればその物件についての居住・保有の継続など一定の要件の下に、遺産である宅地等のうち限度面積までの部分（以下「小規模宅地等」という）について、相続税の課税価格に算入すべき価額の計算上、一定の割合を減額される。

・被相続人等の居住の用に供されていた宅地等⇨［限度面積］330㎡／［減額割合］80%
・被相続人等の事業（アパートや駐車場など貸付事業以外）の用に供されていた宅地等
　⇨［限度面積］400㎡／［減額割合］80%
・被相続人等の貸付事業の用に供されていた宅地等⇨［限度面積］200㎡／［減額割合］50%・など

◆「法定相続情報証明制度」が利用できる！

●法定相続認証制度とは

今まで、各種の相続手続（相続登記・預貯金の名義変更・生命保険金の請求など）では、死亡した人（被相続人）の出生から死亡までの連続した戸籍（結婚や転籍などによる新戸籍への移転を過去にさかのぼって出生時に入籍した親の戸籍までそろえる）および相続人全員の戸籍を、相続手続をする登記所や金融機関等にそれぞれ出す必要がありました。こうした大変さをなくし、相続手続を簡単にするために設けられたのが本制度です。相続登記の未了が多いことから、相続登記の促進を図ることが主目的のようです。

●法定相続認証制度の手続

①登記所（法務局）に、上記戸籍（記載者が死亡などで１人もいなくなったものは「除籍」）謄本等を１セット提出（事前に登記所で確認）し、

②併せて相続関係を一覧に表した図（法定相続情報一覧図＝下の書式のＡの部分）を作成して提出（申出）をすれば、登記所が提出された①の戸籍資料と②の一覧図を突き合わせて確認し、その後は登記官がその一覧図に認証文を付した写しを無料で交付します（５年間保存）。

●どんな場合に利用できるか

相続手続の際、相続人の確認のために戸籍等の束が必要とされる場合に、これに変わるものとして、この「法定相続情報一覧図の写し」を提出できます。具体的には、預貯金の名義変更や払戻し、生命保険金の請求、相続登記の申請の際など。あくまで相続人確認のための資料で、相続放棄や遺産分割協議の書類は別途必要です。

▶法定相続情報一覧図の写し（記載例）

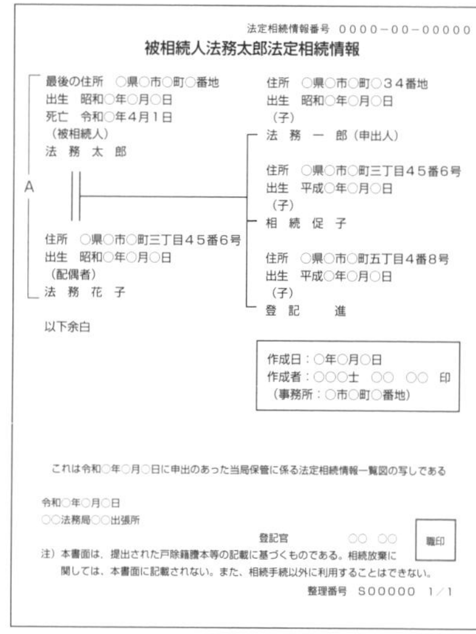

法定相続情報番号　0000－00－00000

被相続人法務太郎法定相続情報

A

最後の住所　○県○市○町○番地
出生　昭和○年○月○日
死亡　令和○年４月１日
（被相続人）
法　務　太　郎

住所　○県○市○町三丁目４５番６号
出生　昭和○年○月○日
（配偶者）
法　務　花　子

住所　○県○市○町○３４番地
出生　昭和○年○月○日
（子）
法　務　一　郎（申出人）

住所　○県○市○町三丁目４５番６号
出生　平成○年○月○日
（子）
相　続　促　子

住所　○県○市○町五丁目４番８号
出生　平成○年○月○日
（子）
登　記　　進

以下余白

作成日：○年○月○日
作成者：○○○士　○○　○○　印
（事務所：○市○町○番地）

これは令和○年○月○日に申出のあった当局保管に係る法定相続情報一覧図の写しである

令和○年○月○日
○○法務局○○出張所

登記官　　○○　○○　職印

注）本書面は、提出された戸除籍謄本等の記載に基づくものである。相続放棄に関しては、本書面に記載されない。また、相続手続以外に利用することはできない。

整理番号　S00000　1／1

第2章

いざ、遺産分割協議へ——

これだけ知っていれば スムーズに分割を終えられる

相続人および遺産が確定したら、いよいよ遺産分割のメインである遺産分割協議に臨むことになります。遺産にも、現金、預金、不動産などさまざまなものがあり、前もって、遺産分割のまとめ役となる人を選び、その人を中心に遺産目録の作成など遺産分割のための準備をするとよいでしょう。

なお、遺産分割協議は、必ずしも相続人全員が一同に会して行う必要はありません。遺産分割協議書を前もって作成して郵送し、それに実印を押し、印鑑証明書を添付（不動産の所有権移転登記などで必要）してもらうという方法もあります。

【図解】遺産分割協議から協議書の作成

① 遺産分割協議の準備

- 相続人の確定（34ページ参照）
- 法定相続分の確認
- 遺産の確定（50ページ参照）
- 特別受益分・寄与分の確認
- 遺言書の有無の確認

〔ポイント〕財産目録など、遺産分割協議のためのしっかりした資料を作りましょう。また、被相続人の除籍謄本（全部事項証明書）や不動産の登記事項証明書なども用意します。

② 遺産分割協議

- 遺産分割協議の時期⇒いつでも・誰からでも言い出せる
- 遺産分割協議の方法⇒全員で行うが、一同に会さなくてもよい
- 相続人全員の合意による分割⇒必ずしも法定相続分のとおりでなくてもよい
- 合意ができないとき⇒家庭裁判所への審判・調停の申立

〔ポイント〕相続人は身内ですので、お互いの立場を理解し合うことが大切です。法律上は遺産の種類や各相続人の一切の事情を考慮して遺産分割はするものとされています。

●遺産分割協議の手続き

遺産分割の協議の手続きについては、民法907条は「共同相続人（相続した人たち）は、…被相続人が遺言で禁じた場合を除き、いつでも、その協議で遺産を分割することができる（５年以内)」と規定しているのみです。

したがって、相続開始後、いつ遺産分割協議を行うか、あるいはどこで行うか、一同に会して行うか、書面の持ち回りにより行うかなどは自由です。ただし、遺産分割協議が終わるまでは、相続人全員が遺産は共同で相続していることになっていますので、相続人全員の同意がなければ遺産の処分等はできません。

•財産の移転までの手続き

③ 遺産分割協議書の作成

- 遺産分割協議書⇒作成義務はないが相続登記などで必要
- 実印による押印と印鑑証明書が必要⇒印鑑証明書は印鑑登録をしている役所で入手

〔ポイント〕遺産分割協議書は不動産の所有権移転登記などで必要となる書類です。相続人全員が実印を押し、印鑑証明書を添付します。遺産分割協議書に代えて「相続分がないことの証明書」を作成する場合もあります。

④ 相続人への遺産の移転

- 預貯金の解約・名義書換⇒相続による解約や名義書換の手続きが必要
- 株式の名義書換⇒名義書換の手続きなどが必要
- 不動産の所有権移転登記⇒法務局で所有権移転登記が必要

〔ポイント〕預金等の相続では手続きが必要ですので、前もって銀行等で相談して書類等を取り寄せてください。相続登記についても法務局(登記所)で相談するとよいでしょう。書類等の作成では、印鑑証明書を取り寄せてもらうなど、他の相続人の協力が必要です。

●遺産分割の基準

遺産分割をどのような基準で行うかについては、民法906条は「遺産の分割は、遺産に属する物又は権利の種類及び性質、各相続人の年齢、職業、心身の状態及び生活の状況その他の一切の事情を考慮してこれをする」と規定しています。つまりこの規定は、公平な遺産分割の基準となるのですが、これでは抽象的過ぎて分かりにくいので、問題が生じれば、判例等でどうなっているのかを知る必要があります。もっとも、相続人全員の話し合いですんなりとまとまれば、法定相続分どおりの遺産分割でなくても問題ありません。

遺産分割協議の通知・招集

1 遺産分割協議は誰が行うのか

➡主宰者についての規定はない

1 遺産分割協議で中心となる人は

民法は、遺産分割については「被相続人が遺言で禁じた場合を除き、いつでも、その協議で、遺産の分割をすることができる」と定めているだけで、遺産分割協議を主宰する者などについての規定はありません。したがって、協議の方法は自由で、主宰者を置く必要はなく、協議の成立のための要件は、相続人全員の合意だけです。

しかし、現実の遺産分割では、遺産目録の作成など、中心となる人（世話あるいはまとめをする人）が必要となります。通常、この中心となる人は、被相続人（死亡した人）と同居していた人（あるいは跡取りと呼ばれる人）が多いようです。というのは、被相続人の遺産については同居している人が最もよく知っているからです。

もっとも、法律で決まっているわけでありませんので、兄弟仲が悪いといった場合には、他の相続人にすることも、こうした中心となる人をおかずに、全員が参加して遺産の調査や財産目録の作成をすることも、分担を決めて遺産の資料や書類を作成することも自由です。しかし、それではいちいち打ち合わせが必要なことから煩雑であり、また、仕事で忙しい人もいるでしょうから、現実的な方法としては、中心となる人を決めておくのがよいでしょう。

遺産分割の準備としては、財産目録の作成（評価額も記載するとよい）が主になりますが、戸籍謄本（全部事項証明書）などを用意して、相続人を確定することも重要です。相続人が知らない認知された子がいるかもしれないからです。そして、各相続人から話を聞いて、特別受益分や寄与分（亡くなった人の財産を増やしたなどの貢献分）があればその旨を記載し、法定相続分も記載した資料を準備しておくとよいでしょう。

2 遺産分割協議が荒れそうな場合

相続人間で顔も見たくないという場合もあるでしょう。こうした場合は、次項で述べる書面の持ち回りによる方法（かえってもめる場合もありますので注意）もあります。また、弁護士等の専門家などに頼んで、交渉したり立会人になってもらう方法もあります。

いずれにしろ、遺産分割協議は誰が中心となろうと、利害が対立する場なので、弁護士に頼む頼まないにかかわらずもめるときはもめます。細かいことを言い出し、譲る気持ちがなかったら、誰が中心となろうとも同じことだからです。

こうした場合は、家庭裁判所の調停や審判で決着すればよいぐらいの気持ちを持つことです。いたずらに、何回も協議を繰り返していても不満や不信が募るだけで効果はありません。

なお、もめそうな場合で事前にもめる点がわかっていれば、法律相談所などで相談して、解決策を検討しておくとよいでしょう。

〔祭祀財産の承継〕

被相続人の財産には、本文で述べる相続財産と祭祀《さいし》財産《ざいさん》とがあります。かつて、家督相続の時代は、相続財産も祭祀財産も家長と言われる人が相続したのですが、新民法では相続財産は相続人による分割、祭祀財産は被相続人の指定（指定がなければ慣習）で承継されることになっています。

祭祀財産の承継者は、先祖の供養等の祭祀《さいし》の主宰者となるのですが、核家族化した今日、お墓を買うことを含めてどの墓に自分が入るかということには関心があっても、先祖の墓を誰が守るかといった祭祀承継については興味がない人もいるようです。お墓の管理費にしても、遺族が出しあっているケースも少なくありません。

2 遺産分割協議の時期や方法はどうなっているか

➡いつでも分割協議ができる

1 遺産分割協議はいつするのか

遺産分割協議はいつでもでき、被相続人（死亡した人）の死から何日内などという規定はありません。唯一規定があるのは、被相続人が遺言で遺産の分割を禁止（5年を超えない範囲）している場合で、この期間は遺産分割はできません。

経済的に裕福でない相続人がいる場合、葬儀の日に「遺産をくれ」という人がいるかも知れませんが、「四九日の法要が終わったら話そう」とやんわりと断るのも手です。実際問題としては、時間を見ての遺産の整理となりますので、それくらいの日時は必要です。

2 遺産がない場合・借金がある場合

遺産がない場合には、遺産分割協議そのものが不要です。遺産が日常生活品などしかなく財産的価値がない場合も同様で、期日を決めて欲しい人が分ければいいでしょう（これも遺産分割の一種といえますが）。

ただし、借金がある場合には、各相続人は相続分に応じて借金の返済義務がありますので、**相続放棄**や**限定承認**といった法的手続も含めて、会って話すのがよいでしょう。いずれも、家庭裁判所に申し立てて行いますが、相続人の1人が相続放棄をすればその人が相続するはずの借金は、他の相続人に行きます。なお、限定承認（負債が相続財産より多い場合には相続しない）は相続人全員でする必要があります。

相続放棄や限定承認は、自己のために相続の開始があったことを知ったときから3カ月以内に家庭裁判所に申し立てなければなりません。

〔書式〕財産目録の作成例

遺産目録　（土地）

番号	住　所	地　番	地　目	面積（㎡）	備　考
1	○○市○○町○丁目	○番○○	宅　地	２００	建物１の敷地
2	□□市□□町□丁目	□番□□	宅　地	４８０	建物２の敷地

遺産目録　（建物）

番号	住　所	家屋番号	種　類	構　造	床面積（㎡）	備　考
1	○○市○○町○丁目	○○	居　宅	木造瓦葺平	９０	河野花子が居住
2	□□市□□町□丁目	□□	アパート	木造モルタル式瓦葺２階建	１階３２０ ２階３２０	貸アパート

遺産目録　（現金、預・貯金、株券等）

番号	品　目	単位円	数量（金額）	備　考
1	○○銀行定期預金		３，０００，０００円	通帳は河野花子が保管
2	○×株式会社　株式	○○円	５，０００株	

3 遺産分割協議の方法

協議の方法には一定のルールはありませんので、何も一堂に会さなくても合意できればよいのです。

現実的な対処としては、遺産分割協議の中心となる人が、自分も含め個々の相続人の意見を聞いてまとめたものを事前に打診し、最終的に遺産分割協議書を作成して、持ち回りやその人が各相続人に会って、印鑑（印鑑証明書を添付）をもらう方法もあります。要は最終的に、どの財産を誰が相続するのか決まり、それを書面にすればよいのです。

なお、相続人が「相続分がないことの証明書」を作成する方法もありますが、このことについては次項で解説します。

3 「相続分がないことの証明書」を作成する場合

➡遺産分割協議書に代わる書類

1 「相続分がないことの証明書」とは

「相続分がないことの証明書」は、被相続人（死亡した人）の生前贈与などにより、贈与を受けた相続人には相続分がないという場合に、その相続人がその旨を記載した証明書です。

例えば、相続人が配偶者と子２人の場合、配偶者の法定相続分は２分の１で、２人の子の法定相続分はそれぞれ４分の１となりますが、子の１人が被相続人から生前に贈与を受けている場合、その贈与額が相続時の遺産と贈与額を合計した額（総遺産）の４分の１以上になる場合には、相続する遺産はないということになります。

こうした場合には、遺産分割協議をして、遺産分割協議書にその旨を記載する方法もありますが、「相続分がないことの証明書」を作成すれば簡単で手間もかかりません。

2 相続を放棄する場合の便法として利用される

「相続分がないことの証明書」は、通常、上記のような場合に作成されますが、相続放棄の代わりに作成される場合もあります。例えば、配偶者と子２人の場合、子の１人が「相続分がないことの証明書」を作成することにより、その子の相続分はなくなり、もう１人の子が相続時の遺産の２分の１（配偶者が２分の１）を相続することになるのです。

では、なぜこのような便法が使われるのでしょうか。農地の相続を例にとれば、農地は生産に必要な土地で後継者が相続することがほとんどです。こうした場合に、後継者以外の相続人が「相続分がないことの証明書」を作成する場合があります。

そんなことなら、はじめから相続放棄をすればよいではないか、と思う人もいるかも知れませんが、相続放棄は家庭裁判所での手続が必要であり、また、ケースによっては思いがけない人が相続人となる場合があります（下欄参照）。

また、相続において、遺産分割協議書が必要（添付資料）とされますのは、不動産（宅地・農地など）がある場合などです。**不動産の所有権移転登記の添付資料として、遺産分割協議書ではなく「相続分のないことの証明書」でもよい**という通達があります。ただし、印鑑は実印を押して、印鑑証明書の添付が必要です。

なお、「相続分がないことの証明書」の作成例およびトラブルについては別項（118・119ページ）を参照してください。

〔相続放棄と、相続分がないことの証明書〕

相続放棄も相続分がないことの証明書も、相続がないことでは同じです。ただし、相続放棄は家庭裁判所に相続放棄の申立をして決定による審判が必要ですが、相続分がないことの証明書は、証明書に署名押印（実印）するだけですみます。

法的効果も異なります。相続分がないことの証明書を出した相続人も相続人に代わりはありませんが、相続放棄をした者は相続人ではなくなります（その子がかわりに相続する代襲相続もない）。

また、相続放棄では思わぬ人が相続人になる場合があります。例えば、夫の死亡で妻と子が相続人の場合、子が母親に全額を相続させようと思い相続放棄をしたとしたも、相続人が妻と被相続人の親あるいは兄弟姉妹に代わるにすぎず、思ったとおりになりませんので注意が必要です。

借金が多い場合は相続放棄をしないと、相続分がないことの証明書だけでは思わぬ借金を背負うことになります。

4 相続人に生死が不明な者がいる場合どうすればよいか

➡不在者の財産管理人選任の申立て

1 相続人の１人（あるいは複数人）が行方不明

相続人の１人あるいは複数の人が、生存していることは明らかだが行方不明の場合は、まず調査を尽くし、それでも住所が判明しない場合は、その相続人を不在者として手続をすすめることになります。

具体的には、利害関係のある共同相続人が、相続人不在による**不在者財産管理人選任の申立て**をします。申し立てる裁判所は、不在者の住所地を管轄する家庭裁判所ですが、不在者は住所地がしれない場合ですから、最後の住所地を管轄する家庭裁判所に申し立てることになります。

こうして裁判所により選任された不在者財産管理人が、行方不明の相続人に代わって遺産分割協議に参加しますが、不在者財産管理人は協議の成立にあたり、協議事項について、家庭裁判所の許可を得なければなりません。

2 相続人の１人あるいは複数が生死不明の場合は

相続人に不在者がいて、その不在者の生死が不明で失踪宣告の要件を備えている（民法30条＝不在者の生死が７年間明らかでないとき、危難にあった者の生死が危難が止んだ後１年間明らかでないとき）場合は、利害関係人（失踪者の配偶者・法定相続人など）が家庭裁判所に**失踪宣告の申立て**をすることができます。

申立ての結果、裁判所により失踪宣告がなされると、その相続人は死亡したとみなされます。その結果、失踪宣告を受けた人に子などの直系卑属がいれば、その者が代襲相続人になり、失踪者である親に代わって相続を受けることになります。

3 不在者や失踪者を抜きにして遺産分割をすると

遺産分割協議で、不在者や失踪者を抜きに、遺産分割協議をしても、その遺産分割協議は無効です。したがって、不在者の場合には家庭裁判所に対して不在者の財産管理人の選任、また、失踪では家庭裁判所に対して失踪宣告の申立てをして新たに相続人を確定し、遺産分割協議を再度行うことになります。

また、相続人の１人（以上）を抜きにして遺産分割が行われた場合、遺産分割に参加できずに遺産を相続できなかった相続人は、遺産分割協議の無効を主張し、遺産分割のやり直しを求めることになります。他の相続人が応じない場合は、遺産分割協議の無効確認の訴えを裁判所に提起することになります。

〔海外在住者の相続〕

海外在住者が相続人にいる場合、遺産分割協議書を送って、それを返送してもらう場合が多いようですが、困った問題は、外国には、実印や印鑑証明書の制度がないということです。そのため、所有権の移転登記ができないという不便があります。

こうした海外在住の相続人がいる場合は、国内にいる相続人がどういう手続きをとればいいか登記をする法務局で聞いてください。

ちなみに実印に代わるものとしてサインもしくは拇印（ぼいん）があり、サインの場合はサイン証明書（大使館や領事館に行き、本人が書類にサインして、係員が「間違いなく本人がサインしました」と記載した書類)」、拇印の場合は拇印証明書を発行してくれます。これに、在留証明書をつけます。こうして、書類がそろったら、遺産分割協議書にサインあるいは拇印を押せばいいのです。

5 未成年者や胎児がいるときはどうすればよいか

➡未成年者や胎児も相続権がある

1 未成年者や胎児の相続権

未成年者や胎児にも相続権はあります。相続は、遺産を誰に帰属させるかという抽象的な資格の問題ですので、具体的な行為をする能力が欠けていてもかまわないからです。

したがって、自動的にこうした人にも相続は発生し、法定相続分に応じた遺産相続をすることになります。ただし、胎児は生きて生まれるということが条件になりますので、死亡して生まれれば相続はなかったことになります。生まれた後に死亡すれば、その赤子を被相続人とした再相続が発生します。

2 未成年者が相続人の場合の遺産分割協議

未成年者が法律行為をするには、原則としては、法定代理人（普通は父母で、二次的には後見人）の同意が必要です。また、親権を行う者は、子の財産を管理し、かつ、その財産に関する法律行為についてその子を代表します。

しかし、相続において、被相続人の配偶者と子は、共に相続人で利害が対立することになります。この場合、利益相反（民法826条）行為として、親権を行う者は、その子のために**特別代理人**を選任することを家庭裁判所に請求しなければなりません。

つまり、親と子が共同相続人となる場合は、利益相反関係となり、特別代理人の選任が必要なのです。そして、この特別代理人が遺産分割協議に参加することになります。

3 胎児が相続人の場合の遺産分割協議

相続では、胎児は既に生れたものとみなされます（民法886条１項）。したがって、胎児は出生したら、相続人となりますので、胎児を抜きにした遺産分割協議は相続人の一部を欠いたものとして無効ということになります。

では、未成年者と同じように、胎児のために法定代理人または特別代理人を選任して遺産分割ができるでしょうか。

この点については判例もなく、学者の間でも説が分かれていますが、否定する考え方が多いようです。したがって、遺産分割協議は出生の時まで待つほうがよいと思われます。緊急の場合には、家庭裁判所に**遺産分割の審判の申立て**をして決めてもらうとよいでしょう。

なお、双子などの場合、想定している相続人あるいは相続分が変わることになりますので注意してください。

このように、未成年者（法定代理人あるいは特別代理人）や胎児を除外した遺産分割協議は無効です。したがって、未成年者や胎児を含めて遺産分割協議をやり直すことになります。

〔遺産分割協議をしないと〕

財産相続では、被相続人が死亡した時から、遺産は相続人全員が共同で相続します。その共同で相続した各種の遺産をそれぞれの相続人に分ける話合いが遺産分割協議です。この遺産分割協議で話合いがつくまでは共同相続のままです。つまり、遺産分割協議について時効はなく､例えば相続人の１人が遺産となった住宅に住み続けたとしても､それだけでその住宅を時効取得することはありません。

遺産分割協議ができない場合は、家庭裁判所に調停あるいは審判の申立てができます。

遺産分割協議の具体的な問題

6 遺産分割は法定相続分どおりにするのか

➡法定相続分どおりでなくてもよい

1 遺産分割協議と相続分

相続は、被相続人の死亡によって自動的に開始し、共同相続人全員が共同で全遺産を相続します。したがって、相続人が共同で相続したものを各相続人に分割することになり、これが**遺産分割協議**です。遺産分割協議は相続人の誰からも言い出すことができ、申出があれば遺産分割協議をしなければなりません。

遺産分割協議では、遺産は法定相続分（13ページ図参照）に応じて分割されるのが原則です。

ただし、遺産分割協議では、必ずしも法定相続分どおりに分割する必要はありません。理論的には、自分の法定相続分を他の相続人に贈与し、最終的な受取り分を法定相続分と異なる配分に変えることも自由だからです。相続は身内のことで、さまざまな事情もあります（例えば、被相続人の配偶者に家屋だけは相続させたいと他の相続人が思うときなどです。新設された「配偶者居住権」により、配偶者が相続開始時に被相続人が所有する建物に住んでいた場合、終身または一定期間、その建物を無償で使用することができるようになりました。）。そうしたときには、共同相続人の合意により自由に分割できる方がよいからです。ただし、共同相続人間で合意ができなければ、あくまで法定相続分で分割するということになります。

なお、実際の遺産分割においては、法定相続分で遺産分割するにしても、誰がどの遺産を相続するかということが問題となります。その結果が金額に換算して、だいたいのところで法定相続分であればよいのです。

2 遺産分割協議の基本原則

遺産分割協議における分割では、相続人間にはさまざまな過去の経緯、現在の事情がありますので、衡平の視点で話し合うことが大切です。

こうしたことから、民法906条は遺産分割の基準として「**遺産の分割は、遺産に属する物又は権利の種類及び性質、各相続人の年齢、職業、心身の状態及び生活の状況その他の一切の事情を考慮してこれをする**」という抽象的な規定を置いています。

つまり、遺産にもいろいろあり、それぞれの相続人にもさまざまな事情があるでしょうから、そうした点を考慮して遺産分割協議を行いなさい、ということなのです。

3 遺産分割協議におけるさまざまな主張

相続人の主張で多いのは、**１）他にも財産があるはずだ、２）遺言があるはずだ、３）自宅などの評価額が安すぎる、４）他の相続人に特別受益があったはずだ、５）自分には寄与分があるはずだ、６）自宅に住んでいるので自宅は自分が相続したい**、などです。また、事業の後継者は、その事業に関連する遺産は当然自分が相続したいとの主張があるでしょう。

こうした主張に対しては、全員が納得できる資料を出すなど、話をまとめる方向で議論をしていかないと、協議はなかなか成立しません。

〔非《ひ》嫡出《ちゃくしゅつ》子《し》と称する人が協議に参加したいと言ってきたとき〕

まず、その人が現に認知されているかどうかを確認します。認知されていれば戸籍謄本に被相続人が認知した旨の記載があるはずです。認知があれば参加させなければ、遺産分割協議は無効です。

裁判所に認知（強制認知）請求中、あるいはこれから認知請求の申立てをするという場合もあります。この場合は協議に参加することを拒否できます。ただし、認知が認められて確定すると、法定相続分（非嫡出子の相続分も嫡出子と同等）を代価で支払うことになります。

7 特別受益がある場合の遺産分割協議

➡特別受益かどうかの判断は難しい

1 特別受益と遺産分割のポイント

特別受益については、すでに別項でも説明しましたが、民法903条は特別受益について「共同相続人中に、被相続人から、遺贈を受け、又は婚姻若《も》しくは養子縁組のため若《も》しくは生計の資本として贈与…」としています。

つまり、特別受益となるのは以下の被相続人からの贈与です。

①**遺贈**…遺言による贈与

②**婚姻、もしくは養子縁組のための費用**…婚姻に伴う支度金、持参金、結婚式の費用など。ただし少額の場合にはなかなか認めないようです。

③**生計の資本として贈与**…家を建てるときにお金をもらったなど。ただし、その贈与が何らかの寄与に対する対価としての意味合いを持つときは、認められないようです。

こうした特別受益額は、相続額の算定に当っては、遺産に組み入れられ、組み入れられた遺産総額を基に遺産分割をします。

そのため、遺産分割では特別受益になるかどうかでもめることがあるのです。私大の医学部に行った費用は…、海外留学の費用は…、事業を立ちあげる際にもらった費用は…、結婚費用は…、など例をあげればいくらでもあります。

要は、こうした費用が共同相続人間の衡平《こうへい》の原則に照らして、特別受益としなければ不公平になるかどうかの問題なのです。したがって、通常の教育費や病気の時の療養費などの扶養的な意味の費用は特別受益にはなりません。ただし、特別受益になる・ならないはともかく、被相続人から生前に受けた利益を相続人は隠したりしないでください。他の相続人との信頼を失くすと、遺産分割協議はうまくいきません。

2 遺産分割協議と特別受益の取扱い

前述したとおり、特別受益は遺産分割協議においてよく問題となるものの１つです。特別受益について、もう一度簡単に説明しますと、被相続人（死亡した人）の生前に、家を建てたときに費用や結婚のときに高額の持参金をもらったりしている場合の、その利益のことです。

この特別受益は、各人の相続額の計算では、相続時の遺産に加えて総遺産（**みなし相続財産**）の額とし、これをもとに各人の相続額を出し、特別受益者については受益額を差し引きます。

総遺産（みなし相続財産）＝相続時遺産＋特別受益額

どんな場合の費用が特別受益になるかは必ずしも明確ではありません。例えばかつては大学への進学費用も特別受益とされたようですが、最近では進学率も上がり、その費用も特別受益ではなく扶養の費用（養育費）とされて、特別受益とならない場合が多いようです。ただし私大の医学部への進学など特に高額な場合、特別受益となりうるでしょう。

このように、遺産分割協議では、何が特別受益で何か特別受益でないかについては悩むところですが、遺産分割協議では相続人の衡平の観点から、話し合うとよいでしょう。

〔形見分けの品〕

形見分けは、一般的には故人を偲ぶために、故人が身につけていた品などでさして財産的価値がない物を分けること、とされています。しかし、最近では身につけていた装飾品など高価な品の形見分けもあるようです。こうした場合にもめないためには、順番を決めて相続人が欲しいと思うものを分けることにするとよいでしょう。こうすれば、結果的には、遺産分割をしたのと同じ効果もあります。

8 特別受益が多くて相続分がない場合の遺産分割協議

➡その相続人には分割遺産はない

1 特別受益が多くて相続分がない場合

例えば相続人が配偶者と子２人の計３人で、相続時に実在する遺産が4,000万円、子の１人が生前贈与（特別受益）2,000万円をもらっていたとします。遺産の総額（**みなし相続財産額**）は相続時の遺産4,000万円に特別受益分2,000万円を合わせた6,000万円です（**持ち戻し**）。

法定相続分による分割では配偶者が3,000万円、子２人がそれぞれ1,500万円ずつになります。2,000万円の特別受益を受けている方の子は相続にあたりその受益分を1,500万円から差し引きます。相続額はマイナス500万円（1,500万円－2,000万円）、相続額ゼロでもまだ500万円の受取りすぎですが、民法の規定でマイナス分は返さなくてよく、相続額ゼロですませます（遺留分まで侵害している場合は次ページ）。

このマイナス500万円分を残りの相続人で負担し、現にある遺産の4,000万円を下の計算（他の方式もあるがよく使われる例）で分けます。

１）配偶者の実際の相続額

$$\frac{3{,}000\text{万円}}{3{,}000\text{万円}+1{,}500\text{万円}}=\frac{2}{3}\qquad\frac{2}{3}\times 4{,}000\text{万円}\fallingdotseq 2{,}667\text{万円}$$

3,000万円：配偶者の法定相続分額

3,000万円＋1,500万円：配偶者と特別受益のない子の法定相続分額の合計

2/3：マイナス500万円を負担する割合

×4,000万円：左の割合を現にある遺産4,000万円にかける

（子の１人への特別受益がなかった場合の相続額3,000万円より333万円減）

２）特別受益のない子の実際の相続額

$$\frac{1{,}500\text{万円}}{3{,}000\text{万円}+1{,}500\text{万円}}=\frac{1}{3}\qquad\frac{1}{3}\times 4{,}000\text{万円}\fallingdotseq 1{,}333\text{万円}$$

1,500万円：特別受益のない子の法定相続分額

3,000万円＋1,500万円：配偶者と特別受益のない子の法定相続分額の合計

（もう１人の子への特別受益がなかった場合の相続額1,500万円より167万円減）

2 遺留分の侵害となる場合

特別受益分が多いと、遺《い》留《りゅう》分《ぶん》を侵害する場合があります。遺留分とは各相続人が必ず相続できる最低限度（通常は遺産総額の２分の１）のことで、これを侵害された相続人は、侵害した人に対して侵害部分の支払（返還）請求ができ、侵害している人はその分を返さなければなりません（遺留分の割合や計算法について詳しくは145ページ）。ただし、「贈与（特別受益）が相続開始よりも相当以前になされたものであって、その後の経過に伴う社会事情や相続人などの関係人の個人的事情の変化を考慮するとき、侵害額請求を認めることが右相続人に酷であるなどの特段の事情」があるときは、侵害の対象とはならないという判例があります。

侵害額は、相続人が配偶者と子２人の合計３人の場合で、相続時の遺産が2,000万円、子の１人に特別受益が4,000万円分あったとしますと、この場合の遺留分侵害による侵害請求額は下表のようになります。

１）遺産総額（みなし額）　2,000万円＋4,000万円＝6,000万円
２）配偶者／特別受益のない子の侵害請求額
• 配偶者の遺留分の額……6,000万円×1/2（相続人全員での遺留分）
×1/2（配偶者の法定相続分）＝1,500万円
• 配偶者の実際の相続額…2,000万円×2/3≒1,333万円（左ページの計算参照）
⇨ 配偶者の侵害請求額……1,500万円－1,333万円≒167万円
・特別受益のない子の遺留分額…6,000万円×1/2（相続人全員での遺留分）
×1/2（子全体の法定相続分）×1/2（２人いるので２で割る）＝750万円
• 特別受益のない子の実際の相続額…2,000万円×1/3≒667万円
⇨ 特別受益のない子の侵害請求額…750万円－667万円≒83万円

上表のように、法律の規定どおりに分割をしようとすると、配偶者は約167万円、特別受益のない子は約83万円を特別受益のある子に対して遺留分侵害分として請求できます。ただし、これはあくまで法律に則り侵害額請求をする場合であって、遺産分割協議において侵害額請求をしないことで合意することもできます。

9 寄与分がある場合の遺産分割協議

➡まず、遺産分割で話し合う

1 寄与分の遺産分割協議のポイント

寄与分《きよぶん》も遺産分割協議でもめることの一つです。被相続人の事業（農業含む）を一緒にやり、資産の形成に貢献した相続人や被相続人の老後の介護をして面倒をみた人などは、当然、遺産を多く相続することができます。これが寄与分です。

寄与分で問題となる点には、どんな行為が寄与分となるかという問題と、寄与分の額をいくらにするかという問題があります。こうした具体的な問題については、裁判例や審判例で調べるしかありませんが、遺産分割協議ではこうした判例等によらなくても、相続人全員の合意によって寄与分およびその額を決めることができます。

①寄与分と特別な寄与

寄与行為が認められるためには、特別な寄与であることが必要です。したがって、夫婦間の協力扶助義務、直系血族および兄弟姉妹の扶養義務の範囲内の行為、直系血族および同居の親族の相互助け合いの義務の範囲内での行為は、原則として寄与行為とはなりません。

②被相続人の事業に従事していた者の寄与

寄与分は、被相続人の財産の維持・形成に特別な寄与をした場合に認められるもので、支払われた賃金や報酬等の対価が労務の対価として十分と思われる場合には認められません。ただし、事業の承継等の問題もあり、共同相続人の中で事業に従事していた者と事業に従事していない者がいるときは、**遺産分割において事業に従事していた者に、必要な遺産の分割が優先してなされることがあります**（審判例など）。

③被相続人の子の妻の寄与

寄与分が与えられる寄与者は相続人だけです。相続人の妻が被相続人（義父や義母など）の療養看護に勤めても、妻自身が寄与者になることはありません。この場合、妻は相続人である夫の補助者または代行者として寄与貢献があったものとされ、貢献期間と通常の扶助を超える部分の評価額が寄与分として夫に認められます。

なお、令和元年７月施行の改正相続法で、相続人の妻が無償で被相続人の療養看護をした場合、特別寄与者として相続人に対し、金銭（特別寄与料）請求ができる規定が新設されました（民法1050条）。「嫁なんだから夫の父母の療養介護は当たり前」と、嫁の遺産への貢献度を認めなかった従来の相続人の主張は、もはや通らないということでしょう。

2 遺産分割協議と寄与分の取扱い

寄与分の性質は、寄与者の遺産に対する貢献の部分です。したがって、遺産の総額よりまずその貢献分（寄与分）を差し引いて、遺産の残りの分を共同相続人（寄与者も含む）で分割することになります。

なお、寄与分については、遺産の増加にどのようなことをして貢献をした場合は何％、被相続人の療養看護を何年したら何％といった基準となる規定はなく、裁判所の審判事例などから近い事例を調べるしかありません。家庭裁判所の調停や審判事例（寄与分についての例は少ない）では、遺産の20～30％を認めた例が最も多くなっています。

〔事業が成り立つような遺産分割を〕

寄与分の問題は、事業の後継者にとっては、単なる寄与分だけではすまない問題があります。寄与分のある後継者は、その事業が株式会社であればその会社の株式、個人事業であれば事業用の財産、農業であれば農地や農業用の財産を取得しなければ意味がないからです。

例えば、農業の後継者は農地が相続できなければ、農業をやめなければなりませんので、今後の生活も含めて深刻な問題となります。遺産分割協議においては、こうした問題も含めて、どのような分割方法が衡平かを考慮することになります。

10 寄与分の主張がある場合の遺産分割協議

➡具体的な額の算定が難しい

1 寄与分と具体的割合（金額）

民法では、寄与分の算定の基準というものは具体的に示されてはいません。したがって、寄与分を主張する相続人はどれだけの寄与をしたかを主張しその割合や金額についても明確にすべきです。そして、相続人の全員が合意したときに具体的な寄与率や寄与の額が決まります。この割合や額は、合意があれば必ずしも、裁判所の審判例などに基づくものでなくてもかまいません。

合意ができないときは、家庭裁判所に調停あるいは審判を申し立てて寄与分を決めてもらうことができますが、できれば遺産分割協議において十分事情を説明し、合意が得られるようにするのがよいでしょう。

2 寄与分の算定の目安

前述したとおり、具体的な遺産に占める寄与分の割合については、法律上の規定はありません。民法904条の２第２項は「…協議が調《ととの》わないとき、又は協議をすることができないときは、家庭裁判所は、同項（１項）の規定する寄与をした者の請求により、寄与の時期、方法及び程度、相続財産の額その他一切の事情を考慮して、寄与分を定める」としています。

遺産分割協議において寄与分を決める場合にも、上記にある「一切の事情」を考慮する必要があります。

なお、次ページ表では、大まかに寄与分を５つに分類して計算式をあげましたので参照してください。

◆寄与分の計算式（参考）

①被相続人の事業に従事した場合

１）従業員として従事した場合

寄与分額＝寄与相続人の受けるべき相続開始時の年間給与額×（１－生活費控除割合）×寄与年数

２）共同経営的な立場で従事した場合

寄与分額＝（寄与相続人の受けるべき通常得べかりし報酬＋利益配分）－現実に得た利益

②被相続人に対して財産を出資していた場合

１）不動産取得のための金銭の贈与の場合

寄与分額＝相続開始時の不動産価額×（寄与相続人の出資金額÷取得時の不動産価額）

２）不動産の贈与の場合

寄与分額＝相続開始時の不動産価額×裁量的割合※

３）不動産の使用貸借の場合

寄与分額＝相続開始時の賃料相当額×使用年数×裁量的割合※

４）金銭贈与の場合

寄与分額＝贈与当時の金額×貨幣価値変動率×裁量的割合※

③被相続人の療養看護の場合

１）相続人が実際に療養看護した場合

寄与分額＝付添婦の日当額×療養看護日数×裁量的割合※

２）第三者に療養看護させ費用を負担した場合

寄与分額＝費用負担額

④被相続人を扶養していた場合

１）引き取り扶養の場合

寄与分額＝「現実に負担した額」又は「生活保護基準による額」×扶養期間×（１－寄与相続人の法定相続分割合）

２）扶養料支払の場合

寄与分額＝負担扶養料×期間×（１－寄与相続人の法定相続分割合）

⑤被相続人の財産を管理していた場合

１）不動産の賃貸管理、売買契約の締結、占有者の排除など

寄与分額＝第三者に委任した場合の報酬額×裁量的割合※

２）不動産の修繕費、公租公課、火災保険料等の負担額

寄与分額＝上記の負担額－相続人の利用利益

※裁量的割合は、相続人全員の合意あるいは審判等における裁判官の判断で決まります。相続人の妻の寄与分は、相続人がある夫の寄与分として認められます（判例）。

11 被相続人の配偶者に全遺産を相続させる遺産分割協議

➡相続人全員の合意があればできる

1 被相続人の配偶者に全遺産を相続させることができるか

夫（被相続人）が死亡し、子がいる場合の妻（配偶者）の法定相続分は夫の遺産の２分の１です。しかし、遺産分割協議での合意によってこの割合を変えて、配偶者（妻＝被相続人の子から見れば母）に全遺産を相続させることができます。

このように全遺産を母（配偶者）に相続させるケースは、父の遺産は夫婦で築いた物であり、母が全財産を管理していた場合も多く、母の老後の生活資金として全財産を渡し、母の死後に残った財産を子が相続すればよいとの考えかたによる場合が多いでしょう。また、配偶者には１億6000万円までは相続税がかからない税額軽減の特例がありますので、税務対策も含めて全遺産を配偶者に相続させる場合もあるようです。

いずれにせよ、こうした点を話し合い、理由を明確にして、配偶者（母）に全遺産を相続させることにするのがよいでしょう。

2 相続人全員の合意が必要

子の側から見れば、父の死後、遺産分割の協議によって遺産が分割されると母がどう生活をしていくのだろうと不安な面もあります。また、当の母にしてみても、今まで夫の財産は自分が管理し夫婦の財産と思っていたのが、遺産分割となると財産を子にとられるような気持ちになる人もいるでしょう。こうした場合、母親が死亡するまで父の全遺産を相続し、母の死後、子が相続すれば円満解決となりそうですが、そう簡単ではありません。

というのは、母（配偶者）に全遺産を相続させるためには、共同相続人全員の同意が必要になります。つまり、相続人の１人でも反対すれば、配偶者（母）に全遺産を相続させることはできないのです。特に子が多数の場合には、経済的理由からすぐにでも遺産分割してほしいという人もいるでしょう。

遺産分割協議で合意できない場合は、家庭裁判所の調停あるいは審判の申立てができますが、審判ではこうした法定相続分以外の分割が認められることはまずありません。

3 配偶者に全遺産を相続させた場合の問題点

次のような問題もあります。

①**相続後に母が再婚**　母の再婚相手に相続権が生じ、また再婚相手との間に子ができた場合にはその子も相続人となります。そのため、再婚しないことなどを条件にすることもあるようですが、こうした条件を付けることは公序良俗に反して無効（民法90条）と思われます。

②**母の浪費で遺産がなくなる**　母が浪費家の場合、父からの遺産がなくなることも考えられます。これを止める方法はありませんが、認知症などで判断能力に問題がある場合には、家裁に申し立てて制限能力の手続（後見人を選任するなど）をとるとよいでしょう。

いずれにしろ、母に全遺産を相続させ、母の死後に子が自分の法定相続分に相当する分を相続しようとしてもそうはいかないでしょう。母に全遺産を遺産分割協議で相続させる場合は、こうした問題があることを覚悟しておくことです。

なお、遺産分割をせずに共同相続のまま、遺産の管理を母にまかせるという方法もありますが、相続人の１人から遺産分割をしてほしい旨の申出があれば、遺産分割協議をしなければなりません。また、母が住む住宅等を共同相続のままとし、その余を分割する一部分割の方法もありますが、この方法でも相続人全員の合意が必要です。

12 遺産に債権・債務がある場合の遺産分割協議

➡負債は原則、法定相続分で相続

1 債権（貸金など）と遺産分割協議

被相続人が有していた債権（相手に対する請求権）あるいは被相続人の死亡によって発生した債権には、一般金銭債権、賃借権、損害賠償請求権、生命保険金、退職金、遺族年金などがあります。こうした債権には、金銭債権のように遺産に入るものと、遺族年金のように年金を受ける相続人の固有の財産で遺産とはならないとするものもあります。

遺産分割協議においては、まず、遺産となるかどうかを明確にし、ついで分割について協議をすべきです。一般金銭債権の分割については、判例は、預貯金債権のような分割債権は、相続開始とともに法律上当然に分割されることはなく遺産分割の対象となる、としています（平成28年12月19日最高裁大法廷決定）。この判例によると、遺産分割協議中は共同相続人は単独で預貯金の払い戻しはできず、相続費用など必要な支出がある場合でも預金が引き出せないことになり、現実的に不都合が出てきます。そこで、相続法改正により一定の金額までは相続人単独で預貯金の払い戻しができる制度が創設されました（25ページ参照）。

2 債務（借金など）と遺産分割協議

債務の主なものは、借金です。この借金はマイナスの遺産とされ、相続の対象です。遺産分割までの共同相続においては、借金も法定相続分に従って相続されますが、遺産分割協議においては、相続人のうちの一人が相続するなどの場合もあります（例えば、事業の承継者が事業に伴う負債も相続する場合）。

このように、遺産分割協議では法定相続分とは異なる相続をすることも可能です。しかし、そのような遺産分割によって債権者に不測の損害を与えることは許されませんので、**債権者は各相続人に法定相続分に従って債務の請求をしてもよいし、実際の相続分に応じて負債の請求をしてもよい**ことになっています。また、現実的な対応としては、特別の場合を除き余裕があれば、遺産から先に借金を支払い、その余の財産について遺産分割をするという方法もとれます。

なお、利息制限法を超える高利の借金の場合、貸金業者に過払金の返還請求ができる場合もあります。

〔債権・債務と遺産分割のトラブル〕

●生命保険金　生命保険金請求権は、保険金の受取人として、特定の相続人が指定されているときは、その相続人の固有の権利として取得することになります。ただし、その生命保険金は特別受益として考慮すべきものとされ、相続時の遺産に加算した総額で相続額を計算することになります（持戻し）。

特別受益の額の算定については、①実際に支払った保険料額、②たまっていた解約返戻金額、③被相続人が死亡時までに払い込んだ保険料が満期までの保険料の何割にあたるかの割合を保険金に乗じた額などとする考え方があり、難しい問題です。遺産分割協議にあたっては、こうした点が問題となるようでしたら、事前に専門家に相談しておくのがよいでしょう。なお、遺産分割協議で話し合いがつけば、それで有効です。

●死亡退職金　被相続人の死亡退職金については、法律上あるいは退職金規定で受給権者が決まっている場合はその人の固有のもので相続財産にはなりません。受給権者が決まっていない場合は問題で、学説・判例ともまだ定説はありません。死亡退職金を相続財産とするケースが多いようですが、生計を共にしていた遺族固有の権利と考えるのが本来の趣旨にかなうと思われます。

こうしたことから、遺産分割協議に当って、相続人間の衡平および生計を共にしていた相続人等の生活補償の視点から話し合うのがよいでしょう。

●遺族年金　遺族年金は、年金を受給する人の固有の権利であり、特定受益にも該当しないとされています。したがって、遺産分割協議の対象でもありません。

13 遺産分割協議では、相続税についても考慮する

➡各種控除・配偶者の税額軽減の特例

1 相続税の課税

相続税（令和６年４月現在）は、遺産の総額が「3000万円＋法定相続人数×600万円」（基礎控除）以上の遺産がある場合に課税されます（次ページ表参照）。この基礎控除以下の遺産の場合には、相続税の申告も不要で、相続税の対策も必要ありません。

2 相続税対策

相続税対策は、相続税の控除を確実に計上することです。相続税における控除には以下のものがあります。

1）**基礎控除**…3000万円＋法定相続人数×600万円

2）**未成年者控除**（税額控除）…10万円×成年に達するまでの年数

3）**障害者控除**（税額控除）…10万円（特別障害者の場合は20万円）×85歳に達するまでの年数

4）**相次相続控除**（税額控除）…被相続人の死亡前10年以内に、前の被相続人から相続した財産について相続税が課税されている場合には、前に納めた相続税の一定の金額が控除される

5）**７年以内の贈与財産に対する贈与税額控除**…※2024年１月１日以降の生前贈与について、段階的に加算の対象期間が延長

6）**相続時精算課税に係る贈与額控除**…相続時精算課税の適用を受けた贈与財産で課税された贈与税額が控除される。その贈与財産は相続財産とみなされ、相続時の遺産に加算して相続税が課税される

3 配偶者の税額軽減の特例の活用

配偶者控除の税額軽減の特例は、配偶者の生活の保障と遺産形成に貢献した内助の功を配慮した配偶者に対する相続税の軽減規定です。

内容は、遺産の分割協議がととのった場合に、配偶者の相続額（受取り保険金の加算や債務の控除なども入れた「課税価格」）が法定相続分（子と配偶者の相続では配偶者の相続分は２分の１）以下あるいは１億6000万円までは、配偶者の相続税を非課税とするものです。

この配偶者の税額軽減の特例を活用すると、高額の相続でも相続税額がゼロになったり軽減されたりします。ただし、この制度の適用を受けた配偶者が死亡し子が相続する段になると、相続額が子についての基礎控除額以上であれば、この相続では相続税が課税されます。

（例）被相続人⇒夫。相続額１億円（課税価格）。相続人⇒妻と子２人

●法定相続分で相続した場合

・課税遺産総額　１億円－4800万円（基礎控除）＝5200万円
・各人の課税遺産額　妻　2600万円　　子　各1300万円
・相続税　妻　なし（法定相続分相当額以下は非課税）
　　　　　子　各145万円（1300万円×税率15％－控除額50万円）
・相続人が支払う相続税の合計　290万円

●配偶者が１億円の全額を相続した場合

・課税遺産総額　１億円－4800万円（基礎控除）＝5200万円
・各人の課税遺産額　妻　5200万円　　子　各0円
・相続税　妻　なし（相続額が１億6000万円以下は非課税）
　　　　　子　各0円
・相続人が支払う相続税の合計　0円

なお、相続税対策では、被相続人がする基礎控除額（110万円）以下の贈与、配偶者への居住用不動産または居住用不動産取得資金の贈与（最高2000万円の控除）、子や孫への住宅取得資金・教育資金の贈与の特例による非課税があります（詳細は税務署か税理士に確認して下さい）。

個々の財産と遺産分割協議による分け方

14 住宅しかこれといった財産がない場合の遺産分割協議

➡代償分割という方法もある

1 住宅の遺産分割協議のポイント

遺産は、原則として法定相続分にしたがって分割されますが、法定相続分どおりの分割でなくても遺産分割協議で決まれば有効です。したがって、遺産分割協議における住宅の分割の方法もさまざまなものがあり、相続人の一切の事情を考慮して分割するのが考え方の基本ですので、現に住んでいる人の考えを優先するのがよいでしょう。

2 住宅の遺産分割協議

住宅の遺産分割について、主な方法には、つぎのものがあります。

①被相続人が１人暮らしだった場合

１）売却して金銭で分割する（換価分割⇒次ページ参照）

２）相続人の誰かが、その住宅を相続し、他の相続人に協議で決まった一定額を支払う（代償分割⇒次ページ参照）

②相続人のうちで被相続人とその住宅に同居している者がある場合

１）同居人が住まない、あるいは住宅の売却に合意すれば、売却してて金銭で分割する（換価分割）

２）同居人が住宅を相続し、他の相続人に協議で決まった一定額を支払う（代償分割）

３）分割はせずに共同相続（あるいは共有）のままにしておく。被相続人の配偶者がそのままその住宅に住み続ける場合は、この方法もよいでしょう。ただし、いつまでも共有のままにしておくと、相続人の誰かが死亡した場合に、相続人がかわり遺産分割が複雑になる。

3 住宅の遺産分割のトラブル

遺産が多くあれば、住宅は現に住んでいる人に相続させ、預貯金などの他の遺産を他の相続人が相続すればよいでしいう。

また、住宅以外の遺産があまりない場合は、住宅を相続する人が一定の金額を他の相続人に支払って（分割支払いを含む）相続することを分割協議で決めるとよいでしょう。

さらに、住宅しかない場合には、前記の方法について遺産分割協議で話し合い、どちらも無理であれば、売却してその代金を分割するしかないでしょう。

相続人の中に、売却してすぐにでも現金が欲しいという人がいる場合には、前記の代償分割という方法もありますが、代償分割においても、その金銭をいくらにするかでもめることもあります。これは、住宅の評価額が問題ですので、専門家に相談するのがよいでしょう。

〔具体的な遺産分割の方法〕

●全部分割と一部分割

遺産分割を一度にすることを全部分割といいます。これに対して、一部分割は、遺産の一部について分割する場合をいいます。一部分割の場合は、債務や相続税の支払で緊急にお金が必要なときなどになされますが、後日、残りの遺産について分割協議が必要となりますので、分割が複雑となる場合もあります。相続人全員の合意があれば、こうした分割も有効です。

●現物分割、換価分割、代償分割

１）現物分割…遺産をそのままの形で分割する方法です。分割不可能な家屋や絵、骨董品などの分割はこの方法が多いようです。

２）換価分割…遺産を売却して換金し、そのお金を分割する方法です。現物分割が不可能な場合、あるいは現物分割ができないような遺産（絵画や骨董品など。不動産の場合もある）の場合です。

３）代償分割…遺産の現物を１人が相続し、その取得者が自分の相続額を超える分を他の相続人に支払うというものです。自宅（不動産）を相続をする場合などに利用され、話し合いにより分割支払も可能です。

15 農地の相続と遺産分割協議

➡農業の後継者に配慮する

1 農地の遺産分割協議のポイント

農地の相続といっても、基本的には農地も遺産の一種であり、他の遺産の相続と変わることはありません。異なるのは、後継者がまとめて農地を相続しなければ、通常、農業を続けていくことができない点です。

こうした事情を考慮して遺産分割をすることになりますが、農業をしていた人（被相続人）が亡くなった場合には、遺産は農地がほとんどを占めることになりますので、トラブルとなれば大問題となります。

農地の相続も、必ずしも法定相続分どおりでなくてよく、一般的には、一定の額（法定相続分より少ないことが多いようです）を支払うという**代償分割**による場合が多いようです。ただし、中には、他の相続人にお願いして、「**相続分がないことの証明書**」を出してもらい、農地の所有権移転登記をすることもあるようです。

現在、農地については後継者への**生前贈与**も行われているようですが、農地の生前贈与についても他の土地と変わりはなく特別受益としてその額は相続時の遺産に加算して各人の相続分(額)が決まります。したがって、**遺留分**《いりゅうぶん》を侵害する場合には、侵害された者から侵害額の支払請求をされると、その額を支払わなければなりません。

遺産分割協議においては、各相続人の事情の一切を考慮して行う必要がありますので、農地の相続では、農業の後継者である相続人の意向を十分配慮する必要があるでしょう。なお、被相続人の生前から農業等の事業を手伝っていた後継者には、得ていた対価にもよりますが、通常は寄与分があります。

2 農地の相続をめぐるトラブル

配偶者と子の相続で、子のうちの１人が農業の後継者というケースであれば、そこは家族、話し合えば代償金を少なくするなどの方法で解決できるのではないでしょうか。

ただし、今までは、後継者以外の相続人が相続を放棄することや、「相続分がないことの証明書」を出すことなどにより、実質的に後継者が農地等を相続する方法がとられているケースもあったようですが、各相続人が自分の相続権を主張するようになるとそうはいかないでしょう。きちんと財産目録を作り、農地等の評価額や収入なども明確にして、事情を説明して納得してもらうことが必要でしょう。

また、農地の相続では、後継者である相続人と他の相続人が仲が悪い場合が問題です。仲の悪い婚姻外の子（いわゆる愛人の子）がいたりすると、農業の後継者であることなどは問題視されず、法定相続分を要求されると大変なことになります。

こうした場合は、遺産分割協議では話し合いがつきませんので、家庭裁判所に調停あるいは審判の申立てをすることになります。家庭裁判所では、農業の後継者という事情を考慮して、調停や審判がなされますが、代償金については法定相続分を基礎として算定されるでしょう。

〔農地の相続についての考え方〕

農業の後継者が農地を相続する場合に、他の遺産がほとんどなければ、遺産分割協議においては、とにかく後継者が農地を相続できるように納得してもらうか、その際に他の相続人に代償金を支払うかで解決するしかありません。

代償金の額は、遺産分割協議によることになりますが、0円で話をつけても、法定相続分の額で話をつけてもかまいません。農業の後継者に寄与分や、農業に伴う借金がある場合もあることなどを考えれば、意外とこの代償金は少なくて済むかもしれません。被相続人の妻（母）も一緒に農業をやっていれば、母も農地等を相続することでとりあえず農地の分散は防げます。

16 被相続人の事業の承継と遺産分割協議

➡株式会社であれば株を相続

1 事業承継と遺産分割協議のポイント

事業の承継をする方法は、事業の形態によって異なり、個人事業であれば事業用資産の承継、株式会社であれば株式の承継ということになります。したがって、事業承継では、こうした遺産を相続すればよいことになります。

ただし、前記の農業と同様に、遺産のなかに事業用資産や株式が多くを占める場合には、遺産分割協議が紛糾する場合があります。

2 各種の事業承継と遺産分割についての考え方

遺産分割協議では、相続人の一切の事情を考慮して行うことが基本原則です。したがって、事業の後継者は、後継者としての事情を十分に説明し、事業関連の資産が相続できるよう話し合いをすることです。

1）個人事業

個人事業の場合、遺産のうちの事業関連の遺産を相続する必要があります。他えば、商店を営んでいる場合、店（不動産）や店の商品やその他の商売関連の遺産の一切を相続することです。

事業関連以外の遺産が多いときには、後継者が商売関連の資産を相続し、法定相続分どおりに遺産分割をすることもできますが、商売関連の遺産がほとんどの場合はそうはいきません。

法定相続分で分割すると、個人用資産の全部が後継者のものにならない場合は、後継者が事業用遺産の全部を相続する代わりに、他の相続人に金銭を支払う（**代償金**）という方法もあります。もっとも、この代償金については、話し合いで決まればそれでよく、それこそ0円から法定相続分に不足する額まであります。

後継者としては、個人事業の遺産、経営状況などを説明して、理解を求めることが大切です。借金が多く、思ったより事業用遺産の額が少ない場合もあり、後継者の事業用遺産の相続では寄与分の主張ができる場合もあります。こうした材料を基に、よく話し合ってみてください。

2）会社（株式）の相続

会社の後継者が事業を承継したい場合には、株式を相続する必要があります。株式会社は個人事業と違い、株式を取得することが会社を承継することになるからです。

小規模な株式会社では、経営者が全株式を持っている場合がありますが、相続ではその株式を誰が相続するかは大問題です。特に後継者として被相続人の事業を手伝っている場合などでは、その相続人はどうしても株式を相続し経営者になりたいと思うことでしょう。

遺産分割協議においては、共同相続人の一切の事情を考慮して話し合う必要がありますので、後継者としては、株式の取得の説得だけでなく、株式の評価や他の遺産の内容、会社経営の実情（借金はいくらあるかなど）を説明し、株式を取得できるように話し合ってください。

また、株式以外の遺産が少ない場合には、後継者が株式を全部取得する代わりに他の相続人に代償金を支払うという方法もあります。どうしてもという場合は、後継者以外の相続人が株式を持つことも仕方ありません。ただし、後継者として経営したいというのであれば、半数以上の株式を相続するようにするのがよいでしょう。あとあと経営に口出しされないよう、できるだけ多くの割合の株式を受け継ぐべきです。

なお、会社の経営状態が赤字だったり、多額の借金があったりする場合には、株式の評価そのものが低く、あるいは後継者に事業への献身的貢献のような寄与分が認められる場合には、後継者はその分多く相続でき、代償金は意外と少なくてすむかもしれません。

また、事業承継（相続）においては、税金が過大とならないよう注意してください。

17 遺言があった場合の遺産分割協議

➡多くの場合、分割協議が必要

1 遺言があった場合の遺産分割協議のポイント

遺言があった場合の相続は、原則として遺言書に従った遺産分割となります。遺言があれば遺産分割協議は必要ないのでは、と思われる人もいるかもしれませんが、遺言書での遺産分割が単なる相続分の指定（「相続人の○○に遺産の何分の1を相続させる」など）だったり、住宅などの特定の遺産を誰々にあげる、などのように特定物だけの指定だったりして、相続人間で話し合って決めなければならないことは多々あり、遺産分割協議が必要になるのです。

遺言執行者が指定されている場合は、遺言執行者が遺言に従って分割をしますが、遺言の内容にもよりますが実務上は遺言執行者が自分の判断だけで決めるのではなく、相続人を交えて遺産分割協議を行っているようです。

また、遺言書はあるが、相続分の指定だけなので、どう遺産を分けてよいか分からないなどのときには、相続人は家庭裁判所に申し立てて、遺言執行者を選任してもらうことができます。ただし、遺言書があれば家庭裁判所の検認は必要ですが（公正証書遺言以外)、必ず遺言執行者を選任しなければならないというものではありません。

2 具体的遺言書の例と遺産分割協議

以下のような内容の遺言書があった場合に、具体的な遺産分割が、どうなるかについて見てみましょう。

① 妻（配偶者）に全額を相続させるという遺言書

第□条　妻○○に、全遺産を相続させる。

この遺言も有効です。ただし、他に相続人（兄弟姉妹除く）がいる場合には、その相続人には**遺《い》留《りゅう》分《ぶん》**がありますので、その分の侵害分の支払請求（子の場合は相続分の２分の１）がなされるかもしれません。この点については話し合うのがよいでしょう。通常、父親の死亡によって母親が全額を相続しても、いずれ母親が死亡すれば、父親から相続した財産で母親本人が使った残りはその子が相続しますので、さして問題とはならないこともあります。ただし、母親が異なるなどのときには遺留分の侵害を理由に支払請求されかねません。

②　相続人の相続分を指定した遺言書

第□条　妻○○に全遺産の３分の１、子一郎、次郎には各自遺産の３分の１ずつを相続させる。

この遺言は、各相続人の相続分のみを記載したものです。法定相続分と比べると、妻の相続分が少なくなっていますが、遺留分（この場合の妻の遺留分は全遺産の４分の１）を侵害していませんので、侵害額請求はできません。ただし、相続分の指定しかなされていませんので、預貯金や不動産などの個々の遺産をどのように分けるかは相続人が話し合って合意する必要があります。

③　個々の遺産について相続人を指定した遺言書

第□条　妻○○には自宅（※不動産の表示略）を相続させる。
子一郎、花子には、その余の財産について２分の１ずつ相続させる。

この遺言書には、妻についてのみ、具体的な相続財産の指定があります。子の２人については、自宅以外の財産の分割について話し合う必要があります。

また、相続人の遺留分を侵害することになる場合には、侵害された相続人は他の相続人に侵害額の支払請求ができます。

18 相続人以外の人に遺贈がある場合の遺産分割協議

➡包括遺贈された第三者も参加

1 死因贈与、遺贈と遺産分割協議の必要性

遺贈《いぞう》は、被相続人（死亡した人）が遺言で財産を一方的に贈与すること（単独行為）をいいます。遺贈は一方的な行為ですので、受贈者は断わることができます。

遺贈と似た用語に贈与がありますが、これには生前に贈与した場合（**生前贈与**）と、死んだらあげるとする場合（**死因贈与**）とがあり、いずれも当事者の合意で成立する贈与契約です。

被相続人の遺産分けで死後問題になるのは、上記のうち、死因贈与と遺贈です。もっとも、生前贈与が特別受益となる場合は、その分が相続時の遺産に加算されて総遺産（みなし相続財産）とされるために、各相続人の相続額に影響する場合があります。

死因贈与は、その贈与契約が詐欺によるものだったり判断能力がないのに約束したりした場合は、一定の者が取り消すことができます。また、愛人関係を維持するためにされた贈与は公序良俗に反して無効とする判例もあります。こうした場合でないかぎり、死因贈与契約は有効であり、契約の内容に従い遺産を引き渡さなければなりません。なお、死因贈与は遺贈と同じ扱いになりますので、遺留分侵害額の支払請求対象になります。

遺贈には、**包括**《ほうかつ》**遺贈**《いぞう》と**特定**《とくてい》**遺贈**《いぞう》とがあります。包括遺贈は、「遺産の○分の１を贈与する」といった記載をする場合で、具体的に贈与する遺産が決められていません。特定遺贈は「○○の土地を贈与する」などと具体的に遺贈するものが特定されている場合です。

包括遺贈の場合には、遺産分割協議に参加して、受贈する遺産について話し合って決めることになります。

2 死因贈与や遺贈の遺産分割協議のポイント

死因贈与や遺贈による遺産が特定されている場合は、そのものについての分割協議は不要で、その余の財産についてのみ協議すればよいことになります。

ただし、その死因贈与や遺贈が遺留分を侵害している場合、遺留分を侵害された相続人が侵害額の支払請求をする場合には、まず遺産の評価などについて、話し合うのがよいでしょう。

また、「○分の１を死因贈与（あるいは遺贈）する」という包括贈与の場合には、どの遺産を贈与するのかの遺産分割協議が必要です。話し合いがつかなければ、家庭裁判所に遺産分割の調停（あるいは審判）の申立てをするとよいでしょう。

〔相続分の譲渡〕

相続人は、自己の相続分を他の相続人や相続人以外の第三者に譲渡することができます。いずれの場合も譲渡価格が問題となります。

●他の相続人の全員から相続分を譲渡

全員から相続分を譲渡してもらえば遺産分割協議は不要となります。ただし、譲渡所得税が課されるかどうかの問題がありますので、遺産分割（代償分割）による方がよい場合もあります。

●第三者への譲渡

相続人が相続分を相続人以外の第三者へ譲渡した場合には、その第三者が遺産分割協議に参加することになります。身内以外の者が参加すると財産の評価やどの遺産を誰が取得するかでもめる場合が多くなります。ただし、他の相続人には取戻権ががあり、その行使期間は譲渡の通知があった日から１か月とされています。

19 話し合いがつけば遺産分割協議書を作成する

➡実印で押印し、印鑑証明書を添付する

1 遺産分割協議書を作成する理由

遺産分割協議書は必ず作成しなくてはならないというものではありません。民法にも、遺産分割協議書を作成することを義務付ける規定はありません。

遺産分割協議書を作成すべき理由は，以下のとおりです。

① どのように分割したか、後日の証拠とする

② 不動産の登記をする場合の添付資料として必要

③ 相続税が課税される場合には、その計算において誰がいくらを相続したかの資料となる

①については、一般の契約の場合と同様に、後で「そんな遺産分割協議をしたつもりはない」などと言われないためです。

②については、不動産の相続に伴う所有権の移転には、遺産分割協議書あるいは**相続分がないことの証明書**（いわゆる**相続分皆《かい》無《む》証明書**）が添付書類として必要です。また、これらの添付書類には相続人の実印による押印が必要で、印鑑証明書を添付して所有権の移転登記をします。

③については、相続税を支払わなければならない場合、相続税は遺産の総額に課税され、各相続人の相続額に応じて相続税を負担（各相続人には控除や軽減がある場合もある）します。遺産分割協議書は相続税の申告における添付書類（写しでよい）でもあります。

また、後日、預貯金の解約、株式の名義変更などで、遺産分割協議書を求められることがありますので、その分も作成しておくとよいでしょう。事前に預貯金のある銀行や株式の発行会社で確認してください。

2 遺産分割協議書の作り方

遺産分割協議書はこのように作らなければならないという、定型の方式はありません。ただし、前記のような作成理由がありますので、それを満たす内容のものでなければなません。

遺産に不動産がある場合、不動産の所有権の移転登記が必要ですので、不動産については、誰がその不動産を相続したのかを明記し、不動産の所在地等を明示（土地建物の表示）します（下表参照）。

〔書式〕遺産分割協議書の例

遺産分割協議書

被相続人甲野太郎の遺産について、相続人全員で分割協議を行った結果、各相続人が次のとおり遺産を分割し取得することを決定した。

1．相続人甲野一郎は、次の遺産を取得する。

　1）○○市○○町１丁目１番
　　宅地　　○○○．○○平方メートル

　2）同　所
　　家屋番号　　５番
　　木造瓦葺き平屋建居宅一棟
　　床面積　○○○．○○平方メートル

2．相続人佐藤春子は、次の遺産を取得する。

　1）株式会社□□　株式１万株
　2）○○銀行の被相続人甲野太郎の定期預金200万円

3．相続人甲野次郎は、次の遺産を取得する。

　1）現金200万円

4．本協議書に記載のない遺産については、甲野一郎が受け取る。

上記のとおり相続人全員による遺産分割協議が成立したので、これを証するための、本書を作成し、各自署名押印する。

令和○○年○月○日

○○県○○市○○町○○番地
甲　野　一　郎　㊞
○○県○○市○○町○○番地
佐　藤　春　子　㊞
○○県○○市○○町○○番地
甲　野　次　郎　㊞

20 遺産分割協議書に代えて相続分がないことの証明書を作る

➡登記のための便法の場合もある

1 相続分がないことの証明書とは何か

相続分がないことの証明書（**相続分皆無証明書**）は、文字通り、自分には相続分がない（ゼロ）という証明書（書式は次ページ参照）です。なぜ、このような証明書が必要かというと、不動産相続で所有権を移転する場合に前項で解説した遺産分割協議書か相続分がないことの証明書が必要だからです。つまり、遺産分割協議書がなくても相続分がないことの証明書があれば、不動産の移転登記ができるのです。

このように、相続分がないことの証明書は不動産の移転登記のための便法として作成されることもあり、その後に問題を残すこともあります。

2 相続分がないことの証明書の問題

相続分がないことの証明書が実態を反映（特別受益となる生前贈与があり相続分がない）していればよいのですが、正規の相続放棄や遺産分割協議の手続きによらず、相続人の一部の者に不動産等を相続させるための便法として利用されている場合があります。

このような実態と異なる内容の証明書は、本来作成すべきではないと思われますが、登記実務においては申請書類に問題がなければ受け付けられています。

相続分がないことの証明書の作成では、現にその土地等の不動産を使用しているものが、他の相続人に対して相続分がないことの証明書を出してくれと依頼する場合が多いようです。中には、相続分がないことの証明書の内容を記載した書類を用意して、この書類に実印を押し、印鑑証明書をつけてくれと頼む場合もあるようです。

こうした場合には相続分がないことの証明書の効力が問題となります。

作成者が言われるままに書類を作成し、その意味内容を知らない場合にはその証明書は無効です。

また、作成者がその意味内容を理解して作成した場合には、最近の裁判例は遺産分割協議の成立があったとする傾向にあります（相続分の譲渡、放棄、贈与があったとするもの、また、遺産分割の成立を否定した判例もないわけではありません）。

〔書式〕相続分がないことの証明書の例

相続分がないことの証明書

私は、被相続人の財産につき他の財産を取得したので、下記の不動産につき相続分はありません。

不動産の表示

（土地）

所在　東京都○○区○丁目

番　○番

地目　宅地

地積　○○平方メートル

以上

令和○○年○月○日

住所

氏名　㊞

話し合いがつかなかったとき・分割協議のやり直し

21 遺産分割協議の話し合いがつかないとどうすればよいか

➡家庭裁判所に調停（審判）の申立て

1 遺産分割協議で話し合いがつかないとき

遺産分割協議で、相続人の誰かが、細かいことを言い出せば、まず分割は不可能です。例えば、被相続人の日常生活品（テレビや茶碗など）をこと細かく分割するのは、品目を調べるだけでも大変な作業になります。財産的価値がないか低い物については、相続財産の対象からはずして遺産分割をし、価値のない家財道具等については、誰かが一括して引き取るような方式をとるのがよいでしょう。相続人が好きなものを順番に自由に持っていくようにするのもよいでしょう。

また､遺産分割協議が相続人間の仲が悪くてできない場合もあります。協議ごとですので不満があれば決裂となることも考えられますが、意外と不仲のために話し合いもできないというケースは多いようです。

このような場合には、家庭裁判所に調停あるいは審判の申立てをすることになります。申立ては、相続人であれば誰でもできます。

2 遺産分割に関する調停あるいは審判の申立て

遺産分割に関連する問題の管轄裁判所は、家庭裁判所です。家庭裁判所への調停や審判の申立てなどの利用の仕方については巻末で解説しますので、ここではどのような問題のときに、どのような手続きをすればよいかについて、次ページの表にまとめましたので参照してください。

家庭裁判所には家事手続相談室がありますので、そこで相談すればどのような手続きをすればよいか教えてくれます。

相続問題と家庭裁判所への調停・審判の申立て

事　件	申　立　て
〔審判事件〕審判事件は決定で審判がなされる。	
●相続放棄をしたい場合 ●限定承認をしたい場合 ●失踪者がいる場合 ●相続人が存在しない場合 ●遺言執行者を選任してもらいたいとき ●相続人が未成年等で親も相続人のとき ●遺言書が出てきたとき	⇨相続放棄の申述 ⇨限定承認の申述 ⇨失踪宣告の申立て ⇨相続財産清算人選任の申立て ⇨遺言執行者選任の申立て ⇨利益相反行為の場合は、特別代理人選任の申立て ⇨遺言書検認の申立て
〔審判でも調停でもよい事件〕調停成立するためには合意が必要。	
●寄与分を決めてもらいたいとき ●遺産分割がまとまらないとき	⇨寄与分を定める申立て ⇨遺産分割の申立て

（注）審判でも調停でもよい事件については、どちらの申立てでもかまいませんが、裁判所は職権で調停に付することができます。したがって、通常は調停の申立てをします。調停が不成立の場合は決定による審判がなされます。

〔遺産分割協議で決めたことが実行されないとき〕

例えば、不動産を相続した場合に、他の相続人の１人が印鑑証明書を出してくれない、等のときにトラブルとなります。また、代償分割として1000万円をもらう約束が守られない場合があります。こうした場合、遺産分割協議書で決まった約束を守らないのだから、債務不履行を理由にその遺産分割協議（契約）を解除できるかという問題があり、最高裁判例は解除できないとしています。

こうした場合は、約束を守らない相手に対して訴訟などにより履行や損害賠償を求めることになります。

22 遺産分割協議のやり直しが必要な場合とは

➡相続人を抜いた分割協議などは無効

1 遺産分割の瑕疵（無効・取消し解除原因がある場合）

遺産分割協議や調停あるいは審判で遺産分割がなされても、後日、その遺産分割についての無効原因や取消し原因、解除原因が発覚することがあります。こうした場合には、遺産分割の無効や取消しに伴う分割のやり直し、解除が問題となります。

2 遺産分割の無効と再分割

①遺産分割の無効

1）遺産分割協議当時に戸籍上判明している相続人を除外してなされた遺産分割協議

2）包括受遺者（遺言で指定された人）を除外してなされた遺産分割協議

3）遺産の一部が脱漏し、それが重要な遺産で、当事者がその遺産のあることを知っていたらこのような遺産分割協議はなされなかったであろうと思われる場合

4）相続人である親が同じく相続人の子を代理して遺産分割協議がなされた場合（利益相反行為）

②遺産分割協議無効確認の訴え

遺産分割協議の無効の主張をしても認めてもらえない場合には、遺産分割協議無効確認の訴えを提起し、勝訴判決を得て再度分割をします。

なお、再分割においては、相続後の贈与と認定されて贈与税が課せられるおそれがありますので、事前に税務署に相談してください。

遺産分割協議の有効・無効等の判断

事例（遺産分割協議）	判断等
①戸籍上判明している相続人を除外した分割協議	無効。分割協議のやり直し。
②包括受遺者を除外してなされた分割協議	無効。分割協議のやり直し。
③生存が判明して失踪宣告が取り消された場合	分割協議は有効。ただし、失踪宣告の取消しがなされた者は、遺産分割を受けた者に対して、現に利益を受けている限度において返還の請求ができる。
④胎児抜きの遺産分割後に胎児が出生した場合	無効。分割協議のやり直し。対応としては、胎児出生後に遺産分割をするのがよい。
⑤相続の開始後に被認知者が確定した場合	被認知者は遺産分割の無効や再分割を主張することはできない。共同相続人に対して価格賠償を請求できるのみ。
⑥遺産分割協議で相続人である親が相続人である子の代理人となった場合	利益相反行為となり、追認がなければ効力なし。特別代理人を選任した上で、再分割が必要。
⑦遺産分割協議後、新たに遺産があることが判明した場合	判明した遺産が重要で、その遺産があることを知っていたならそのような遺産分割はしなかっただろうと考えられる場合は無効とされ、分割協議のやり直し。そうでない場合は、新たに出てきた遺産の分割。

◆上手な遺産分割のポイント

１　遺産分割は必ずしも法定相続分どおりに分割する必要はない

相続財産については、法定相続分の規定がありますが、必ずしも、このとおりの分割でなくても、遺産分割協議において相続人の合意があれば有効に分割できます。

２　分割のさまざまな方法を活用する

遺産分割の方法には、現物分割、換価分割、代償分割、また負担付で相続させる場合、新設された配偶者居住権の利用などもあり、こうした方法を上手く使って分割することが重要です。

３　相続では一切の事情を考慮する

現実の遺産分割協議では、相続人は身内であり、話し合いにより合意ができるのがベターです。したがって、それぞれの置かれている状況を理解することが大切です。いたずらに自己の主張を繰り返しているだけでは問題は解決しません。

４　相続についての法律を知ろう

相続については民法に規定がありますが、法律の規定どおりに行かないのが遺産分割協議です。遺産分割協議では、どのような主張をしてもかまいませんが、他の相続人のことを無視したような主張ではまとまるものもまとまりません。混乱させないためには、法律や裁判例などがどうなっているか、相談所などで知識を頭に入れておくことも必要です。

５　嘘などをつかない

最も大切なことは、遺産を隠したり、遺言があったのにないなどと嘘をついたりしないことです。こうした嘘は不信を生み感情的な対立を招くだけでなく、遺言書の隠匿などは相続欠格事由ともなります。感情的な対立になったら、もはや解決の目処はたちませんので、家庭裁判所に判断を仰ぐくらいの気持で、調停や審判の申立をするのがよいでしょう。

第3章

分け方のルールと計算法がわかる——

ケースによる具体的な遺産分割のしかた

相続というもの、残されているだけの遺産を決まった割合で分けておしまい、と単純にはいかないことが多いのです。亡くなった人が生前、特定の子だけに財産を渡していれば、ほかの子としては残った財産の均等割りでは納得いきません。あるいはめぼしい遺産が亡くなった親の自宅のみで、もう一人の親が住み続けているとき、これをどう分けるかも難しい問題になります。最終的にどのように分ければ遺産分けの話合いがうまくまとまるのか…。こじれると、修復がなかなか困難です。

この章では、法律のルールと計算法をふまえながら、実情に即した分割のしかたを考えていきます。

◆主要な遺産について遺産分けのルールを知っておこう

◎争いを避けるにはルールを実例でわかっておくこと

多くの場合、遺産の中で大きな額となり、分割時に重大要素となるものは、預金や証券類といった金融資産と、不動産（土地・建物）です。

農家の場合も、最大の焦点は田畑という農業資産＝不動産の承継になります。これに対して、亡くなった人が会社の経営をしていた場合、その経営権を受け継ぐために必要なものが自社の株式（株式会社）、あるいは出資持分（合同会社）です。

中小会社で負債も抱えている場合、その株式等の金銭的な価値は小さいかもしれません。しかし、黒字経営を続けていたり資産を多くもっている会社、技術や老舗ののれんの評価が高い会社では別の話になりますし、親の事業を誰が継ぐかについては株や資産の値打ちばかりが大事なのではなく、経営者という社会的地位、一族の頭領たる地位の取得も相続人たちの関心事になりそうです。

実際の遺産には、これらのほかにも数々の動産類……家具調度品や車、衣類、書画骨董や宝飾品類などがあるでしょう。ただ、それにしても金額の大きさでは金融資産と不動産が圧倒的であることが多いのです。

本章では、遺産の内わけとして、預金、土地・家屋、事例によっては経営権を握るための株式など、主要なものだけがあげてあります。相続のルールの説明や、相続分の計算が複雑になりすぎないよう、ほかにもいろいろあるはずの動産類ははぶいてあります。

そのことを承知していただいて、亡くなった人の遺産を相続人たちは実際にどのように分割すればいいのか、そのための計算のルールはどうなっているか、そして、分割協議でまとまった条項は、どのように協議書に書けばいいのかを、具体的な例にそってみていくことにしましょう。相続のルールを具体例によってわかっておけば、相続争いのかなりの部分は冷静な話合いによって切り抜けられるはずです。

……ケース別･遺産分けのルールと計算法

〔遺産分割協議書の例〕

遺産分割協議書

被相続人甲野一郎の遺産（別紙遺産目録記載のとおり）について、相続人である甲野春子、甲野太郎、乙原夏美は分割協議を行なった結果、各人がそれぞれ以下のように遺産を分割し、受け取ることに決定した。

１．甲野春子は、次の遺産を受け取る。
　⑴　○○市○○町１丁目１番
　　　宅地　○○○・○○平方メートル
　⑵　同　　所
　　　家屋番号　３番
　　　木造瓦葺　２階建居宅１棟
　　　床面積　１階○○平方メートル
　　　　　　　２階○○平方メートル
２．甲野太郎は、次の遺産を受け取る。
　　○○銀行○○支店の定期預金
　　（口座番号×××××××）　金3,500,000円
３．乙原夏美は、次の遺産を受け取る。
　　株式会社○○製作所　株式１万2,000株
４．本協議書に記載のない遺産については、甲野春子が受け取る。

上記のとおり相続人全員による遺産分割協議が成立したので、これを証するため本協議書を作成し、各自署名押印する。

令和○○年○月○日

○○県○○市○○町１丁目１番１号　甲野　春子　㊞
○○県○○市○○町３丁目２番４号　甲野　太郎　㊞
東京都○○区○○町２丁目７番８号　乙原　夏美　㊞

㊞　㊞　㊞

不動産の表示は、登記簿を調べて、その表示に従って書きます（権利証にも記載してあります。通常の住所表示と登記簿の表示は違いますので注意してください）。名義変更のさいに、登記簿の表示で申請書をつくることになります。

銀行預金は、銀行名、預金口座のある支店名、預金の種類と口座番号、金額まで記して、誰が、どの預金をいくら受け取るのか、明確に特定できるようにします。

重要度の低い雑品を、まとめて書くときの書き方です。

日付けは必ず記入します。

名前は直筆でなくてもかまいませんが、直筆の方が証明力が高まります。

押印は、市区町村への登録印（実印）を押します。この遺産分割協議書にもとづいて遺産の名義変更をするには、協議書の原本とともに印鑑証明書の提出を求められます。

＊複数枚になるときや、別紙の目録をつけるときは、協議書に押したものと同じ印鑑で、全員が割印をします。

遺言なし

1 不動産と預金が主な遺産であるとき①
⇒不動産を売って分けるケース

相続時の遺産額　　8000万円

遺産の内わけ　　預金　　3000万円
土地・家屋（自宅住居）　　5000万円

相続人　配偶者（甲野春子）
長男（甲野太郎）
長女（乙原夏美）

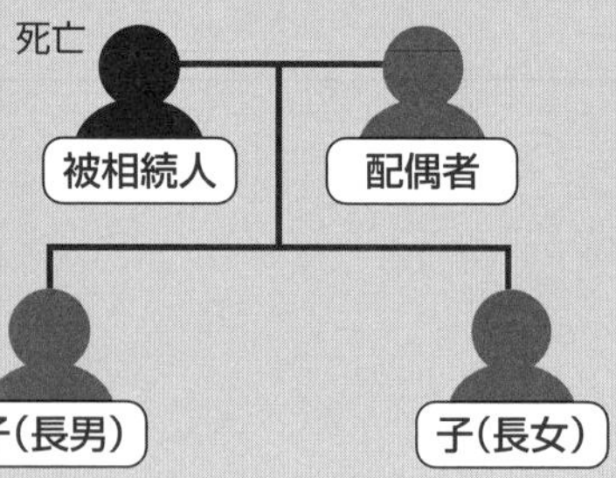

相続人	法定相続分	金額ベースの法定相続分
配偶者	2分の1	8000万円 × 1/2 ＝ 4000万円
長男	4分の1	8000万円 × 1/4 ＝ 2000万円
長女	4分の1	8000万円 × 1/4 ＝ 2000万円

考え方　亡くなった人が遺言で遺産の分け方を指示していなければ、原則として民法の規定によって分割の割合が決まります（900条）。その割合は上の式に示すとおりですが、法律が決めてくれるのはこの割合だけです。それで遺産分割においては、どの遺産を誰が受け取るかを具体的に割り振る作業を相続人全員で話し合ってするのです。

その際、お金ならきれいに割って配れますが、不動産（とくに建物）は切り分けられませんので、工夫が必要となります（土地は分筆といって１つの土地を新しい境界線で切り分けて別々に所有できますが、上に建物が建っていると、土地だけ分けても売却などの処分は困難ですし、小さく分けると資産価値が下がってしまうこともあります)。

不動産を売ってお金に換え、そのお金を分けられるのなら話は簡単です（換価分割)。ここでの例は、そのように不動産をお金に変えて分ける分割法です。ただ、現実には、残された家族（とりわけ亡くなった人と夫婦だった配偶者)がその不動産に住み続けるケースも多いでしょう。その場合には、ここでの例のように不動産を売ってお金に変えてから分ける方法はとれません（不動産を売らない場合の方法は次ページ)。

相続にあたって、いままで親夫婦が住んでいた自宅を売るということは、たとえば子の１人が残された親を引き取って面倒をみる（それまで親が住んでいた家は空き家になる）とか、親の側の選択として、受け取ったお金で都心や保養地のマンションに移り住むとか、爾後のプランがあってのことでしょう。後悔のないよう、熟慮のうえで決めることが大切です。

遺産分割協議の結果

1　相続財産中、土地（…地番など土地の表示…略）と建物（…家屋番号など建物の表示…略）は売却し、その売却金の２分の１を甲野春子が受け取り、４分の１ずつを甲野太郎と乙原夏美が受け取る。

2　相続財産中、預金（○○銀行○○支店の定期預金、口座番号××××）3,000万円のうち、1,500万円を甲野春子が受け取り、甲野太郎と乙原夏美は750万円ずつを受け取る。

ポイント　この例は、土地・家屋と預金を合わせて8,000万円の遺産を法定相続分どおりに分けることになります。土地と建物は売って5,000万円のお金に換えるものとし（税金や売却手数料などが引かれ、手元に5,000万円残るということです)、これを被相続人の配偶者＝甲野春子と子２人が法定相続の割合で分けます。配偶者＝1/2、子＝1/2（２人いるので１人あたりは1/4）です。

遺言なし

2 不動産と預金が主な遺産であるとき②
⇒1人が不動産を受け取り、他の相続人に代償金を払うケース

相続時の遺産額　8000万円

遺産の内わけ
預金　3000万円
土地・家屋（自宅住居）　5000万円

相続人
配偶者（甲野春子）
長男（甲野太郎）
長女（乙原夏美）

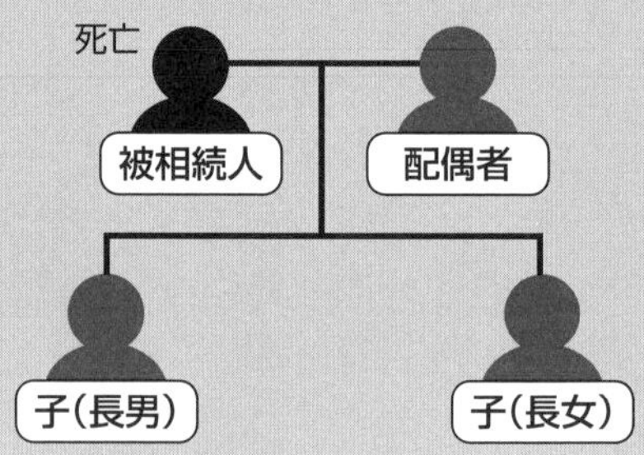

相続人	法定相続分	金額ベースの法定相続分
配偶者	2分の1	8000万円 × 1/2 ＝ 4000万円
長男	4分の1	8000万円 × 1/4 ＝ 2000万円
長女	4分の1	8000万円 × 1/4 ＝ 2000万円

考え方　遺産の中の大きな割合を不動産が占めるとき、それをどう分けるかが難しいことは、前の例と同じです。お金であればきれいに分配しておしまいですが、不動産はそういうわけにいきません（「共有」にして権利の持ち分に分けてもつ方法はあります…後述）。

不動産を売ってお金に換えられれば問題はありませんが（換価分割）、残された遺族（とりわけ夫婦の一方）がその不動産に住み続ける選択をして、売るに売れないケースも多いのです。

その場合、不動産を受け取らない者に、ほかの遺産を多く与えてバランスをとります（代償分割……たとえば預金は不動産を受け取らない者に余分に与える）。もしも不動産を受け取らなかった人にほかの遺産を全部まわしても足りない場合は、①不動産を丸ごと受け取る者自身の財産を渡すことでおぎなう（一度には無理なら分割方式をとる）、あるいは、②その不動産を１人が丸取りすることを避け、所有権を共有するかたちをとる（共有持分の登記をする）、などの方法があります。

ただ、②の共有方式は、あとあと物件の処分が難しく、避けた方が無難でしょう。売却したくても全員一致の合意がないかぎり、各人の権利の持ち分しか売れませんし、賃貸するにも他の共有者の同意（合わせて過半数になる持分権に基づく賛成）が必要です（民法251条、252条）。

遺産分割協議の結果

1　甲野春子は、相続財産中、土地（…地番など土地の表示…略）と建物（…家屋番号など建物の表示…略）を受け取る。

2　甲野太郎は、相続財産中、預金3,000万円（○○銀行○○支店の定期預金、口座番号××××）のうちから1,500万円を受け取る。

3　乙原夏美は、相続財産中、上記預金3,000万円のうちから1,500万円を受け取る。

4　甲野春子は甲野太郎と乙原夏美に対し、別に500万円ずつを分割上の代償として支払う。

ポイント　この例では、甲野春子（甲野太郎らの母親）が不動産を丸ごと相続し、法定相続分よりも多く受け取ります。その余剰分（1,000万円）を、子らに500万円ずつ、自分自身の財産から与えることで、相続人みんなが法定相続分どおりに受け取れるよう調整しています。亡くなった人の妻が自分名義の資産を十分にもつ場合の例で、一般的ではないでしょうが、親２人が亡くなり、残った子らの１人だけ不動産を受け取るというケースに置きかえれば、よくとられる手法です。

遺言なし

3

不動産が主な遺産であるとき③

⇒配偶者のみが不動産を受け取り、子には次の相続で分けるケース

相続時の遺産額　8000万円

遺産の内わけ　預金　3000万円
土地・家屋（自宅住居）　5000万円

相続人　配偶者（甲野春子）
長男（甲野太郎）
長女（乙原夏美）

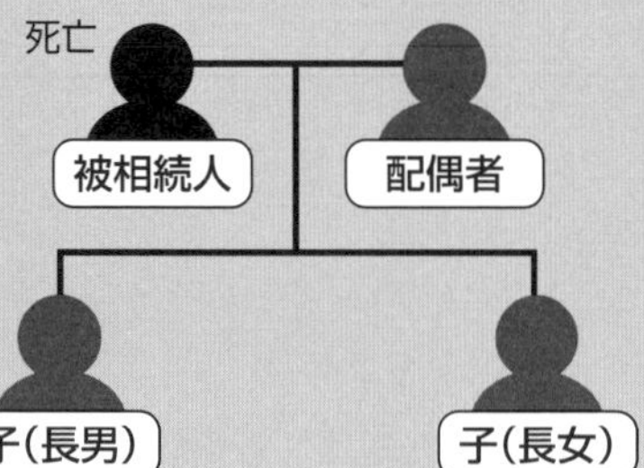

相続人	法定相続分	金額ベースの法定相続分
配偶者	2分の1	8000万円 × 1/2 ＝ 4000万円
長男	4分の1	8000万円 × 1/4 ＝ 2000万円
長女	4分の1	8000万円 × 1/4 ＝ 2000万円

考え方　遺産の中の大きな割合を不動産が占めるとき、それをどう分けるかが問題になることは、前の２例と同じです。

現実の相続では、夫婦の片方が亡くなり、残された配偶者が自宅不動産に住み続けるというケースがよく生じます。そうすると、その不動産を売って、お金に換えて分けるわけにはいきません。また、とりわけ妻が残された場合、自分名義の固有の財産をふんだんには持たないことが普通ですから、その人１人が不動産を相続して住み続けることに決めて

も、子どもらに代償となるお金を渡せないことが多いでしょう。

そういう場合、解決策としては２つあります。１つは、このたびの相続ではその配偶者（子どもらの親）が法定相続分を大きく超える受取り額になるとしても、子どもらはそれでよしとするのです。法定相続分どおりの受取りにこだわらず、残された方の親に不動産を丸ごと相続させます。そして、自分たちはその親が亡くなった時点の相続で、改めてその不動産について公平な分配を考える、という方法です（子の方が先に亡くなる逆縁も、もちろんありうる話なのですが、その子に子（親からみれば孫）がいれば、代襲相続によって、亡くなった子が相続できたはずの相続分をそのまま相続できます）。

もう１つは、子どもの１人が不動産を丸ごと受け取り、残された親と同居します。ほかの子どもらには不動産以外の遺産や自分の財産を与えます（次の例を参照⇒134ページ）。

遺産分割協議の結果

1　甲野春子は、相続財産中、土地（…地番など土地の表示…略）と建物（…家屋番号など建物の表示…略）を受け取る。

2　甲野春子は、相続財産中、預金3,000万円（○○銀行○○支店の定期預金、口座番号××××）のうちから500万円を受け取る。

3　甲野太郎は、相続財産中、上記預金3,000万円のうちから1,250万円を受け取る。

4　乙原夏美は、相続財産中、上記預金3,000万円のうちから1,250万円を受け取る。

ポイント　この例では、甲野春子（甲野太郎らの母親）が不動産を丸ごと相続し、法定相続分よりも多く受け取ることになります。加えて、当面の生活資金として預金から500万円を受け取ります。遺産分割では杓子定規に法定相続分どおりの割合を守る必要はありません。諸事情に照らし、相続人全員が納得して合意できればよいのです。

遺言なし

4 不動産が主な遺産であるとき④ ⇒子の１人が不動産を受け取り、残された親と同居するケース

相続時の遺産額		8000万円
遺産の内わけ	預金	3000万円
	土地・家屋（自宅住居）	5000万円

相続人　配偶者（甲野春子）
長男（甲野太郎）
長女（乙原夏美）

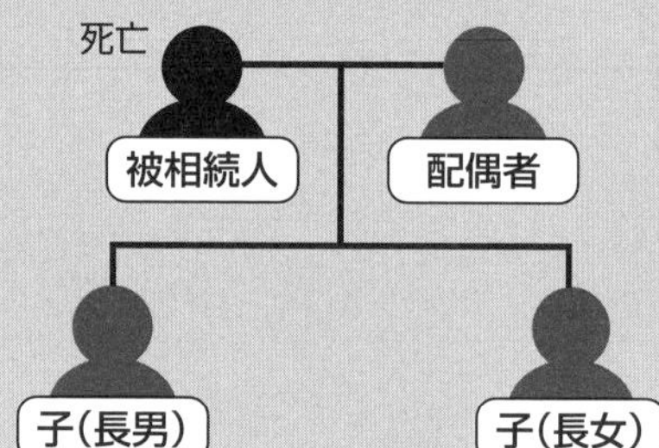

相続人	法定相続分	金額ベースの法定相続分
配偶者	2分の1	8000万円 × 1/2 ＝ 4000万円
長男	4分の1	8000万円 × 1/4 ＝ 2000万円
長女	4分の1	8000万円 × 1/4 ＝ 2000万円

考え方　前の例で、子の１人が不動産を丸ごと受け取り、残された親と同居する方法もあると述べました。多くの場合、不動産を受け取る子は、自分の法定相続分を超える金額相当分を受け取ることになるでしょうから、不動産を受け取らない子（受け取る子の兄弟姉妹）には、代償として不動産以外の遺産や自分自身の財産を与えることになります。

不動産を丸ごと受けとり、親と同居するということは、年老いていく

親の日常的な世話や介護の面倒をみるということです。そのことの経済的・精神的・肉体的な負担を考えあわせ、どういう金額の配分なら公平かを決めるのは、なかなか難しい問題です。不動産をもらって金額的には得をしたようでも、売ってお金に換えられなければ消費生活は上向かない（むしろ税金や維持管理費用がかさむ）のに対し、現金を受けとった側は、さまざまな用途にすぐに役立てられるメリットもあるのです。

遺産分割協議の結果

1　甲野太郎は、相続財産中、土地（…地番など土地の表示…略）と建物（…家屋番号など建物の表示…略）を受け取る。
2　甲野春子は、相続財産中、預金3,000万円（○○銀行○○支店の定期預金、口座番号××××）のうち、1,000万円を受け取る。
3　乙野夏美は、上記預金のうち、2,000万円を受け取る。
4　甲野太郎は、母甲野春子と同居し、同人の扶養介護、並びに祖先の祭祀一切の費用を支出するものとする。

ポイント　この例では、長男の甲野太郎が土地建物＝5,000万円相当額を丸ごと受け取ります。長女の乙原夏美は預金から2,000万円を受け取るだけで、「子は均分相続」の建前からはずいぶん不公平な額になっています。ただ、長女の法定相続分は2,000万円なので、それからすると損をしているわけではありません。したがって、甲野太郎が自分の財産を持ち出してまで妹・夏美に与えることはしていません。
これは、母親の甲野春子が、本来は遺産の1/2の法定相続分（4,000万円）をもつのに、1,000万円という受取り額になっているからです（老後の生活を潤わせるための資金としてそれくらいは……という意味の配分です）。長男である甲野太郎が自宅不動産を丸ごと受け取るかわりに、母親の春子と同居して、その介護の世話や法事のことなど、いっさいの面倒をみることの引き換えに、このような金額の割振りが決められたのです。このことについては、とりわけ母親である春子の心からの同意が必要であることは言うまでもありません。

遺言なし

5

不動産が主な遺産であるとき⑤

⇒配偶者が自宅に配偶者居住権の設定を受けて住むケース

相続時の遺産額　8000万円

遺産の内わけ　預金　2000万円

土地・建物　（自宅住居）　6000万円

相続人　配偶者（甲野春子）

長男（甲野太郎）

長女（乙原夏美）

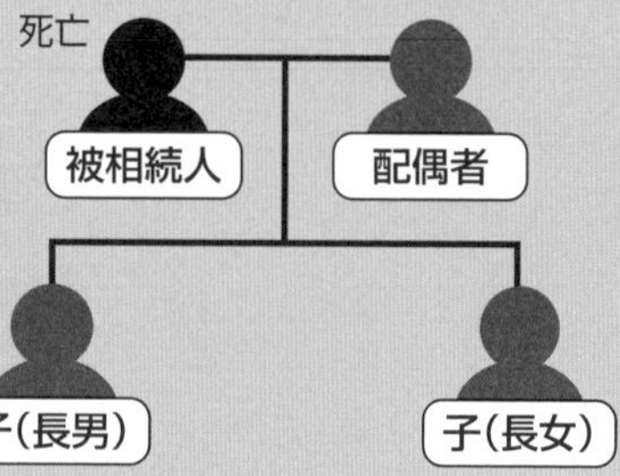

相続人	法定相続分	金額ベースの法定相続分
配偶者	2分の1	8000万円 × 1/2 ＝ 4000万円
長男	4分の1	8000万円 × 1/4 ＝ 2000万円
長女	4分の1	8000万円 × 1/4 ＝ 2000万円

考え方　「**配偶者居住権**」とは、亡くなった人と同居していた配偶者(妻または夫)がその居宅の所有権を受け継がなかったときでも、「配偶者居住権」を得ておけば、当人が生きている限りはそのまま住み慣れた家に無料で住み続けることができるという権利です（民法1028条）。ここまで見てきた事例と同様、遺産の中でその価額の占める割合が圧倒的に大きい自宅不動産を、残された夫婦の一方がそのまま住み続けたいからとまるごと受け取ってしまえば、たいていは法定相続分を超

過し、そればかりか他の相続人の遺留分侵害さえ生じかねないという問題を回避できるよう、新しく民法の相続規定に設けられた遺産分割のメニューなのです。この配偶者居住権を利用した遺産分割の具体例を、被相続人の妻（配偶者）＝甲野春子さんと、子である甲野太郎さん、乙川夏代さんの例で考えてみましょう。

遺産総額は8000万円、そのうち自宅不動産の価額が6000万円。配偶者である春子さんの法定相続分は遺産の２分の１＝4000万円ですから、自宅の家と土地をまるごと受け取ると法定相続分は軽くオーバーです。子の遺留分はそれぞれ1000万円ずつで、預金の2000万円をぜんぶ子２人に受け取らせれば、かろうじて遺留分侵害は回避できますが、春子さんは今後の養老資金として必要となるはずの現金を１円も受け取れないことになってしまいます。

そこで、この問題を解決するために、遺産分割協議において次のように定めます。

春子さんは家と土地の所有権をすべて子に譲ります。そのかわり、その家についての「配偶者居住権」を設定してもらいます。そうすると、**春子さんはその居住権にもとづいて、自分が亡くなるまでずっとその家と土地に住み続ける権利を保証され、万が一、所有者となった子がその家を売った場合にも、買主に対して自分の居住権を主張することができます**。所有者である子の方は、母親が亡くなって「配偶者居住権」が消滅するまでは、その家を自分で利用することができません。

この配偶者居住権は、それを取得する配偶者（春子さん）の年齢から平均余命までの年数＝すなわち配偶者居住権の推定存続年数などをもとに、**所有権まるごとの場合よりも割り引いて安くした値段**をつけます。こちらが安くなっただけ、配偶者には自分の相続分の範囲内で、遺産のうちの現金をも受け取る余裕が生まれ、老後資金を確保できるだろうという狙いです。

なお、その家が建つ土地も子の所有物となりますが、「配偶者居住権」が設定されると、配偶者は**その土地の上に家を建てておくための敷地利用権**も得ることになります。

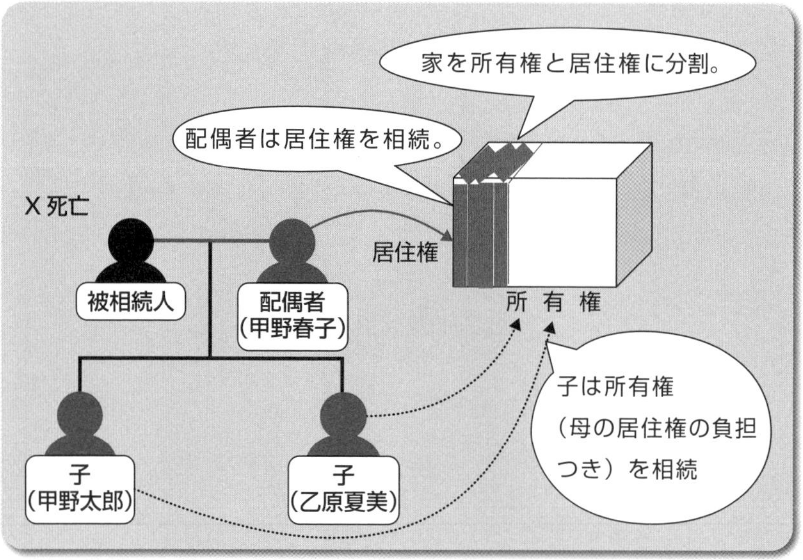

ただ、配偶者居住権の値段を、不動産の所有権価格から割り引いて安くつけるといっても、こうやって計算しろという公式が決められているわけではないのです。建物とその敷地ともに固定資産税評価額をベースとして値付けをするやり方が比較的簡易で有力とされていますが、時価相場（税の評価額よりは概して高い）にこだわる相続人がいれば難しくなります。調べやすい税の評価額を目安とし、相続人どうし話し合って、このあたりで…と折り合える線を見つけだすほかになく、まとまらなければ他の相続紛争と同様、家庭裁判所に決めてもらうしかありません。

配偶者居住権を設定するには、遺産分割時に相続人どうし（残された配偶者と子など）の話合いによるか、被相続人が配偶者のために前もって遺言を書いて遺贈してあげる方式があります。

遺言がなく、子が母親（春子さん）の希望に反して配偶者居住権を認めようとしないときには、春子さんは**家庭裁判所に審判を申し立てれば、諸事情を裁判所が調べたうえで決定を出してくれる**ことになっています。ただし、子の側の不利益と春子さんがその家に住む必要性とをハカリにかけて判断するので、必ず配偶者居住権を認めてもらえるということではありません。

遺産分割協議の結果

1　甲野太郎は、相続財産中、土地（…地番など土地の表示…略）及び建物（…家屋番号など建物の表示…略）につき、その所有権の持分5割（1500万円相当）を受け取り、乙原夏美と共有する。

また、預金2000万円（○○銀行○○支店の定期預金、口座番号××××）のうちから700万円を受け取る。

2　乙原夏美は、相続財産中、上記土地及び建物につき、その所有権の持分５割（1500万円相当）を受け取り、甲野太郎と共有する。

また、上記預金2000万円のうちから700万円を受け取る。

3　甲野春子は、上記建物及びその敷地にかかる配偶者居住権を取得する。存続期間は終身とし、その価額については相続人一同、3000万円とすることに合意した。

また、上記預金2000万円のうちから600万円を受け取る。

ポイント　配偶者居住権を設定したおかげで、甲野春子さんは住み慣れた家に住み続けられるほか、法定相続分の枠内で600万円の手持ち資金をも受け取れました。家と土地の所有者となった甲野太郎さんと乙原夏美さんはこの家を自分では使えませんし、売るなどの処分も事実上無理です。配偶者居住権は登記でき、登記をすれば仮に家が売られたとしても春子さんは買主に対抗できます。ただ、敷地を売られた場合（買う人がいればですが）には対抗力がないものとされ、問題が残ります。

太郎さんと夏美さんは、この先、春子さんが亡くなったとき、配偶者居住権が消滅して負担のとれたことによる家と土地の評価額アップ分を受け取り、改めて売却して分けるなどの算段をすることになります。

なにも配偶者居住権などとしゃちほこ張った制度を使わなくても、前の項でみてきたごとく、年老いた親が住み慣れた家に住み続けられるように遺産を分けるやり方はあるのです。ただ、実の親子といえども関係が良好でないケースもありますし、被相続人からは妻と子の相続でも、再婚した妻と前妻の子だという場合、お互いどうしはただの他人です。

遺言なし

6 相続人の中に生前贈与を受けた者がいるとき①
⇒贈与分と合算して法定相続分通りに分けるケース

相続時の遺産額　3000万円

遺産の内わけ　預金　3000万円

相続人　配偶者（甲野春子）
長男（甲野太郎）
長女（乙原夏美）

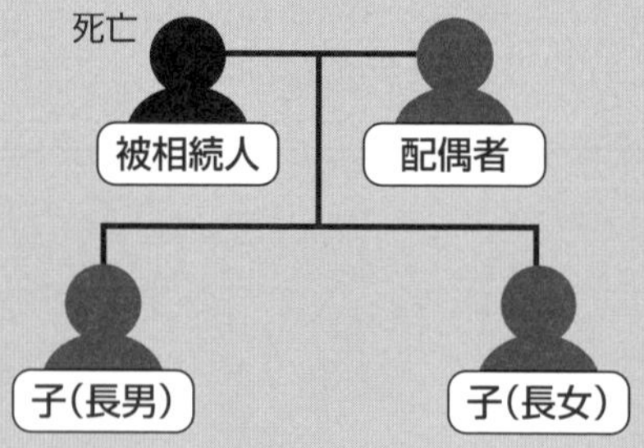

◎生前贈与あり
長男は５年前に独立開業資金として被相続人から800万円の生前贈与を受けている。「持戻しの免除」はない。

考え方　被相続人の死亡によって相続が開始したときの遺産額は3000万円で、すべて預金です。現実には不動産や各種の動産類などもたくさんあるはずですが、「生前贈与」があった場合の遺産分けのしかたを説明するため、ほかのややこしいところを単純化しています。

不動産など分割しにくい遺産があったとしても、「生前贈与」の額を織り込んだ各人の相続額を計算したあと、その織込みずみの計算額（相続開始時の遺産だけで計算した額より大きい）に従って、これまで説明してきた代償分割などの方式を利用しながら分ければいいだけです。

この例では、長男に800万円の生前贈与が行なわれています。この800

万円を相続開始時の遺産の中に戻して（本当に取り戻して加えるのではなく、計算上の処理の話です）、仮に生前贈与がなかったとした場合の遺産額（みなし相続財産額）を出します（「持戻し」の処理）。

みなし相続財産額 ＝ 3000万円 ＋ 800万円 ＝ 3800万円

これを各人の法定相続分に従って分けると、

	みなし相続財産額		法定相続分		
配偶者	**3800万円**	**×**	**1/2**	**＝**	**1900万円**
長女	**3800万円**	**×**	**1/4**	**＝**	**950万円**

以上が生前贈与を受けていない相続人の現実に受け取れる相続分額です。

一方、生前贈与を800万円ほど受けた長男の現実の相続分額は、

長男　3800万円　×　1/4　−　800万円　＝　150万円

生前贈与の額800万円を差し引いて、150万円となります。生前贈与の額と合わせれば、長女と同じ額を受け取っていることになるわけです。

遺産分割協議の結果

1　甲野春子は、相続財産中、預金3,000万円（○○銀行○○支店の定期預金、口座番号××××）のうちから1,900万円を受け取る。
2　甲野太郎は、上記預金のうちから150万円を受け取る。
3　乙原夏美は、上記預金のうちから950万円を受け取る。

ポイント　この例は、被相続人の遺言などによる「持戻しの免除」（生前贈与は相続とは別わくのプラス分として与えたので、相続にあたって「持戻し」はしないようにとの意思表示）がない場合です。「持戻しの免除」があれば、長男は生前贈与とは別に、今回の相続で法定相続分どおり750万円を受け取れるのです。なお、以上はまったく民法の規定どおりに分ける分け方で、相続人らが諸事情に照らして違う分け方をするのは自由です。

遺言なし

7

相続人の中に生前贈与を受けた者がいるとき②

⇒贈与額が大きく受益者の相続分額がマイナスになるケース

(相続時の遺産額) 3000万円

(遺産の内わけ) 預金 3000万円

(相続人) 配偶者（甲野春子）
長男（甲野太郎）
長女（乙原夏美）

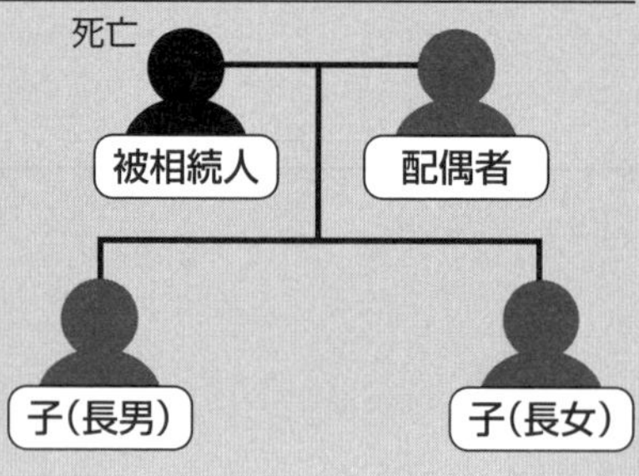

◎生前贈与あり
長女は５年前に新居建築の資金として被相続人から1800万円の生前贈与を受けている。「持戻しの免除」はない。

考え方 この例では、長女に1800万円の生前贈与が行なわれています。被相続人（亡くなった人）によって「持戻しの免除」はなされていませんので、前の例と同じく相続開始時の遺産額に生前贈与の額を足して「みなし相続財産額」を出し、それをもとにそれぞれの相続人の実際の相続分額を出すことになります。

みなし相続財産額 ＝ 3000万円 ＋ 1800万円 ＝ 4800万円

これを各人の法定相続分に従って分けると、

	みなし相続財産額		法定相続分		
配偶者	**4800万円**	×	1/2	＝	**2400万円**
長男	**4800万円**	×	1/4	＝	**1200万円**

配偶者（被相続人の妻の甲野春子）と長男について、このような額が出てきます。合わせて3600万円になりますが、遺産額は3000万円ですから、600万円足りません。それは、こういうわけです。生前贈与を1800万円ほど受けた長女の、今回の相続分額を計算すると、

長女　4800万円　×　1/4　－　1800万円　＝　－600万円

マイナスが600万円出てきます。つまり、生前贈与の額が大きすぎて、今回の相続で１円も受け取らないことにしても、まだ600万円のもらいすぎがあるのです。生前贈与の分と合わせて被相続人の財産を法定相続の割合（1/4）で受け取るようにするには、この600万円を返さないといけません。

しかし、民法の規定では、この超過分は返さなくていいことになっています（903条２項）。そのように長女に多く与えるのが被相続人の意向なのだろうから、それを尊重してあげようというわけです。また、返させるルールを作ったところで、長女が相続を放棄してしまえば相続人ではないことになって、そのルールは及ばなくなってしまいます。

そういうわけで、長女については、今回の相続で受取り分はゼロ、ということで話はおしまいです。

ただ、そうすると、足りない600万円は、他の相続人＝被相続人の配偶者と長男がかぶる（もらえるはずのものをもらえない）ことになります。「持戻し」の計算の結果出てきた２人合わせた相続分額（3600万円）から600万円足りない額しか現実の遺産は存在しません。問題はその600万円の穴を、２人がどういう割合で負担しあうかです。

これについてはいくつかの考え方が提案されていますが、家庭裁判所の審判でよく採用されているものを紹介しますと次のようです。

$$\text{配偶者}\quad \frac{2400\text{万円}}{2400\text{万円} + 1200\text{万円}} = \frac{2}{3}$$

$$\text{長男}\quad \frac{1200\text{万円}}{2400\text{万円} + 1200\text{万円}} = \frac{1}{3}$$

それぞれの分母は、生前贈与の「持戻し」をしたうえで計算した２人（超過特別受益者である長女を除いた相続人）の相続分額の和で、分子は各人の計算上の相続分額です。つまり、これは生前贈与の持戻し計算をしたあとの各相続人の計算上の受取り額の比率です。被相続人の配偶者＝２、長男＝１で、要するに法定相続分の割合でマイナスも負担し合おうという話になるのです。

足りない600万円を、２人はこの比率で分け合います。すなわち、配偶者は600万円のうちの400万円、長男は200万円を計算上の受取り額から差し引かれます。

最終的な（現実の）受取り額は、次の分割案のとおりとなります 。

遺産分割協議の結果

1　甲野春子は、相続財産中、預金3,000万円（○○銀行○○支店の定期預金、口座番号××××）のうちから2000万円を受け取る。

2　甲野太郎は、上記預金のうちから1000万円を受け取る。

3　乙原夏美は、すでに受けた生前贈与により、今回の相続においては受取り分がないことを確認する。

ポイント　大きな生前贈与（特別受益）があると、遺留分の侵害も心配になります（⇒次項を参照）。本例ではまだ遺留分（他に贈与や債務がなければ配偶者1200万円、長男600万円）の侵害はないものの 、さらに大きな生前贈与や遺贈（遺言による贈与）があれば要チェック項目となります。

遺言なし

8

相続人の中に生前贈与を受けた者がいるとき③

⇒贈与額が大きく他の相続人の遺留分まで侵害するケース

相続時の遺産額		3000万円
遺産の内わけ	預金	3000万円

相続人　配偶者（甲野春子）
長男（甲野太郎）
長女（乙原夏美）

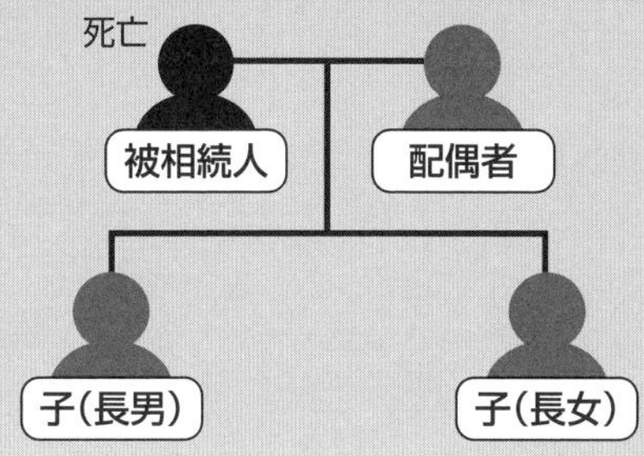

◎生前贈与あり
長女は５年前に新居建築用地として被相続人から4000万円相当の土地を贈与されている。被相続人が「持戻しの免除」をしている。

考え方　この例は、相続時に残っていた遺産額は前項の例と同じ3000万円ですが、長女に4000万円の生前贈与（特別受益）が行なわれていて、しかも、被相続人が、その贈与について「持戻しの免除」までしているのです。

「**持戻し**」とは、被相続人が生前に特定の相続人に対してした贈与のプラス分を、相続にあたっては贈与を受けた者の相続分から差し引いて相続人間の公平をはかる計算処理です。これをすると相続人たちは、（ほかに被相続人の指定がなければ）相続分と生前贈与分を合わせた全体では法定相続の割合どおりに被相続人の財産を受け継ぐことになります。

しかし、被相続人の意向としては、生前贈与をした相手には法定相続の割合より多く与えたいと思っていた場合もあるでしょう(というより、むしろそちらが普通だと思われます)。

そうであれば、被相続人は、「相続にあたって持戻しはしないように」という意思表示(**払戻しの免除**)をして、贈与をした相手に法定相続分よりも多く受け取らせることができます(遺言ですることが多いでしょうが、遺言でなくてもかまいません。婚姻期間20年以上の夫婦が相方に対してした居住用の建物･敷地の贈与では､遺言など書証がなくても「持戻しの免除」がされていると推定し、高齢配偶者を保護します…民法903条４項)。

「持戻しの免除」があると、生前贈与を受けている相続人は、贈与された分に加えて、被相続人死亡時に存在する遺産について(遺言で別段の指定がなければ)法定相続分も受け取れるのです。ほかの相続人とくらべ、トータルの受取り額でそうとう有利なことになります。

そうした「えこひいき」も、被相続人が自分の財産を処分するのですから、基本的には好き勝手にしていいことです。ただ、相続にあたっては、割りを食う側の相続人にも配慮がなされていて、自分の「**遺留分**《いりゅうぶん》」だけはなにがあっても受け取れることになっています(民法1046条、903条３項)。特定の相続人になされた生前贈与の額が大きすぎて、ほかの相続人の遺留分まで侵害している場合には、侵害された側の相続人は侵害額の払戻し請求ができるのです。

その遺留分の大きさはどれほどかというと、次のとおりです。

遺留分の大きさ(割合)

①　下の②以外の場合には被相続人の財産の 1/2

②　直系尊属(親、祖父母…)のみが相続人の場合には 1/3

ここでの例に即して言うと、相続人として被相続人の配偶者(ここでは妻)と子がいますから、上の①にあたり、被相続人の財産の２分の１が相続人の持っている遺留分です。この２分の１というのは相続人全員まとめての数字。それぞれの相続人については、２分の１をそれぞれの相続人の法定相続分で分け合った数字になります。

	全体の遺留分		法定相続分		各人の遺留分
配偶者（甲野春子）		×	1/2	=	1/4
子1（甲野太郎）	1/2	×	1/4	=	1/8
子2（乙原夏美）		×	1/4	=	1/8

次に、この遺留分を、金額ベースに直さなければなりません。ここで考えるべきは、「遺留分が被相続人の財産の1/2」と言ったとき、その「被相続人の財産」とはどれだけの範囲のことを言っているのかです。

被相続人が亡くなったとき現に残っている遺産が入るのは当然ですが、それ以外にも加える要素があります。まずは、相続人に対してなされた**生前贈与**です（ただし被相続人が亡くなり相続が開始した時点からさかのぼって10年前までになされた贈与に限ります）。この生前贈与については、民法の規定上は贈与されたすべてではなく、「**特別受益**《とくべつじゅえき》」にあたるもの（「生計の資本」とするためか「結婚・養子縁組」のための贈与）に限られるとされますが（903条、1044条）、名目はともかく、まとまった大きな額であれば全部含めるべきだとする考え方が強いようです。通常の範囲の学資、療養費、同居して生活費の面倒もみたような場合のお金などは除きます。

相続人に対しての財産移転は、生前贈与だけでなく、亡くなってから遺言の指定で受け取らせる**遺贈**《いぞう》もあります。遺贈は必ず特別受益になるとされています。ただ、その額は、相続が開始した時点ではまだ遺産の中から出ていっていないので、すでに移転ずみの生前贈与とは違って、遺留分の計算の元となる被相続人の財産額に戻す計算をしません。

以上は相続人に対する生前贈与・遺贈ですが、**相続人以外の者にも生前贈与や遺贈がされていることがあります**。これも、遺留分の計算の元となる財産額の中に、渡しずみの生前贈与については戻す計算をします。遺留分の払戻し請求は、相続人の内輪だけでなく、外部の利得者に対してもなしうるからです（この点が、各相続人の内輪だけで最終的な相続分の額を出すときの「持戻し」の計算と違うところです）。

ただし、相続人に対する生前贈与は相続開始の10年前まで限定でしたが、**相続人以外なら１年前までと、さらに期間が狭まります**。これより前の生前贈与は、相続人以外へのものなら払戻し請求にかけられないということです。もっとも、**当事者が遺留分を侵害すると知ったうえでした贈与は、10年、１年の各限定期間より前であっても計算に含め、払戻し請求にかけられる**ことになっています（民法1044条）。職を離れた高齢者が財産のほとんどを他人に贈与したようなケース（再び遺留分を満たせるほど財産が増える見込みが通常はない）が典型例。

もう一つだけ、被相続人が借金など**債務**を負っていたら、その額は遺留分計算の元とする財産額から差し引きます（これも相続人の内輪だけで「持戻し」をして行う最終的な相続分額の出し方と異なる点です）。

さて、以上のルールに従って、本例における各人の遺留分を金額ベースで計算してみましょう。

〔遺留分計算の元となる被相続人の財産額〕

死亡時の遺産額		長女への生前贈与	
3000万円	＋	4000万円	＝7000万円

被相続人には借金がなく、相続人以外への生前贈与もないとすると、上の数字になります。そして、各相続人の遺留分は次のとおりです。

配偶者（甲野春子）	1/4
長男（甲野太郎）	1/8
長女（乙原夏美）	1/8

この割合に上の7000万円をかけ、各人の遺留分を金額で出します。

〔各相続人の遺留分（額）〕

配偶者（甲野春子）	7000万円	×	1/4	＝	1750万円
長男（甲野太郎）	7000万円	×	1/8	＝	875万円
長女（乙原夏美）	7000万円	×	1/8	＝	875万円

875万円－4000万円＝ －3125万円（＝0）

長女の乙原夏美は生前贈与を4000万円受けていますから、その額を最後に差し引いて、遺留分額はゼロとなります（民法1046条、903条）。

配偶者と長男は、それぞれ遺留分を1750万円、875万円ほど持っていることがわかりました。それでは、今回の相続で、配偶者と長男が現実に受け取ることのできる最終的相続分額を計算すると、いくらずつになるでしょうか。その額と遺留分額との差額が、長女への生前贈与によって他の相続人の遺留分が侵害されている額になります。

ここで忘れてはならないのは、長女になされた生前贈与は被相続人の意思表示によって**持戻しの免除**をされていることです。ということは、前の項でしたのと違って、相続開始時の現実の遺産額3000万円に長女が受けた生前贈与4000万円を加算（持戻し）することはしないのです。

遺言によって別段の分け方の指定がないのですから、各人の現実の受取り額は、この3000万円に各人の法定相続分をかけた数字になります。

配偶者（甲野春子）	**3000万円**	**×**	**1/2**	**＝**	**1500万円**
長男（甲野太郎）	**3000万円**	**×**	**1/4**	**＝**	**750万円**
長女（乙原夏美）	**3000万円**	**×**	**1/4**	**＝**	**750万円**

長女は、相続で受ける750万円のほかに4000万円相当の土地を被相続人から贈与されているのですから、総額では4750万円もの利得を被相続人から得ていることになります。これに対して長男は今回の相続で750万円だけとすると、さすがに不公平感がつのることでしょう。

遺留分の侵害額は、各相続人の最終の相続分額（現実の受取り額）から遺留分額を引いてマイナスになった額です（「持戻しの免除」があっても、遺留分額には何の影響もありません）。

	最終の相続分額		遺留分額		遺留分の侵害額
配偶者（甲野春子）	**1500万円**	**－**	**1750万円**	**＝**	**－250万円**
長男（甲野太郎）	**750万円**	**－**	**875万円**	**＝**	**－125万円**

被相続人の配偶者と長男は、それぞれ250万円、125万円ほど、長女に対してなされた生前贈与（＋「持戻しの免除」）によって遺留分を侵害

されているわけです。それぞれは、長女に対して、その侵害額だけ自分にお金を払い戻せと請求することができます（**遺《い》留《りゅう》分《ぶん》侵《しん》害《がい》額《がく》請《せい》求《きゅう》権《けん》**）。

遺留分を侵害する原因となった生前贈与はお金ではなく土地ですが、侵害した遺留分を侵害された側の相続人に戻すには、その土地を切り分けたりするのではなく、金銭によって払い戻さなければなりません（民法1046条１項）。すでにその土地に家を立てて住むなりしているはずの長女がその家と土地を売って払戻金を作るのは現実的ではなく、今回の相続における長女の相続分額＝750万円を割り振る遺産分割によって処理するのがもっとも簡易でしょう。

遺産分割協議の結果

1　甲野春子は、相続財産中、預金3,000万円（○○銀行○○支店の定期預金、口座番号××××）のうちから1500万円を受け取る。
2　甲野太郎は、上記預金のうちから1500万円を受け取る。
3　乙原夏美は、すでに受けた生前贈与により、今回の相続においては受取り分がないことを確認する。

ポイント　長女が侵害している遺留分は、被相続人の配偶者（自分の母親）に対して250万円、長男（自分の兄）に対して125万円で、計375万円です。しかし、「持戻し」の免除をされている長女は今回の相続でも750万円を受け取れるはずのところ、「受取り分はない」とすることで事実上の相続放棄をしています。これは、たとえ侵害している遺留分をすべて返したとしても、長女が他の相続人にくらべて大きな得をしていることにかわりはないため、分割協議を穏便にまとめようとしてとった措置です。

被相続人による不公平な財産分配も、自由な意思にもとづくかぎりは認めるしかありません（唯一の防壁が遺留分です）。現実には母親が娘に対して遺留分を返せと求めたりはしないものでしょうが、本来は均分相続とされる兄と妹の間では複雑な思いが残りそうです。協議がもめたとき、妹がさらに一定のお金を兄に支払う手段、あるいは将来の母親からの相続で調整する約束も考えられますが、法律上の義務があるわけではありません。

遺言あり

9

遺言で特定の相続人に遺贈されているとき

⇒余分に受け取れるのか合わせて法定相続分どおりか迷うケース

相続時の遺産額　3000万円

遺産の内わけ　預金　2500万円
家宝の茶碗　500万円（鑑定による時価）

相続人　配偶者（甲野春子）
長男（甲野太郎）
長女（乙原夏美）

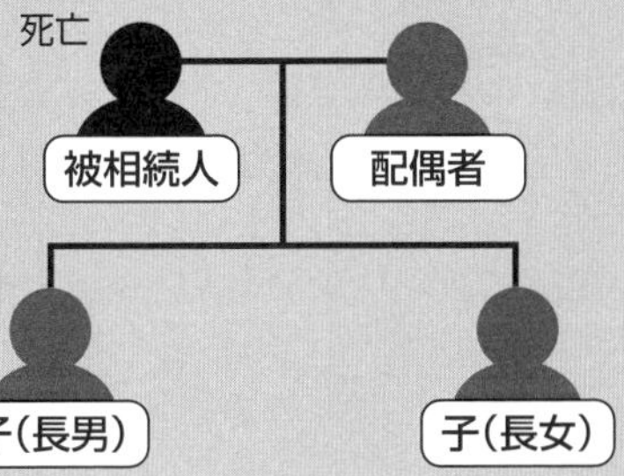

遺言による指定あり
「家宝の茶碗は長女夏美に相続させる。」（これ以外の指定はなし）

相続人	法定相続分	金額ベースの法定相続分
配偶者	2分の1	3000万円 × 1/2 ＝ 1500万円
長男	4分の1	3000万円 × 1/4 ＝ 750万円
長女	4分の1	3000万円 × 1/4 ＝ 750万円

考え方　遺言によって遺産の分け方の指示があれば、基本的にはその指示に従って分けることになります。ただ、往々にして遺言というものは、それを書いた被相続人の意図をはかりかねる場合があります。この例のように、遺産の中の特定の財産を特定の相続人に受け取

らせることだけ書いてあり、ほかの分け方の指示がないときは、それ以外の遺産をどう分ければいいのかが問題になります（あるいは遺言はなくても、被相続人が生前、「あの茶碗は私が死んだら長女の夏美にやる」と言っていて、相続人らがその意思を尊重して遺産分けをしようとする場合も同じです）。

この「家宝の茶碗は長女に」という遺言は、次の３つの意味のどれかにあたります。どれにあたるかは、遺言の文言だけからは決められません。

①　長女にその茶碗だけを与え、ほかの遺産は渡さない。

②　相続人たちに法定相続分どおりの割合で相続させるが、長女が必ず茶碗を受け取るようにする。

③　長女に茶碗を受け取らせ、それ以外の財産は法定相続の割合で各人に受け取らせる（長女は茶碗の額だけ、自分の法定相続分よりも多く受け取る）。

①～③のどれかによって相続人らの受取り額は大きく変わります。民法は、被相続人がどれにあたるのかを明示していないときには、②の意味と推定する規定を置いています（902条２項）。②としたときの各人の受取り額は、前ページに示した法定相続分の額どおりです。

遺産分割協議の結果

1　甲野春子は、相続財産中、預金2,500万円（○○銀行○○支店の定期預金、口座番号××××）のうち、1,500万円を受け取る。

2　甲野太郎は、相続財産中、預金750万円を受け取る。

3　乙原夏美は、上記預金のうち、250万円を受け取る。

4　乙原夏美は、相続財産中、遺言指定の青磁茶碗（銘○○、500万円相当）を受け取る。

ポイント　民法の規定からは上のような結果となりますが、生前の被相続人と長女との関係からは別の解釈をとっていい場合もあります（長女が孝養に厚く感謝されていれば③の意味とするなど）。①とする主張は長女が認めず、家裁の調停あるいは審判をあおぐ事態になりそうです。

遺言なし

10 相続人のうちに寄与分のある者がいるとき①
⇒亡くなった人を長女が介護してきたケース

相続時の遺産額		3000万円
遺産の内わけ	預金	3000万円

相続人　配偶者（甲野春子）
長男（甲野太郎）
長女（乙原夏美）

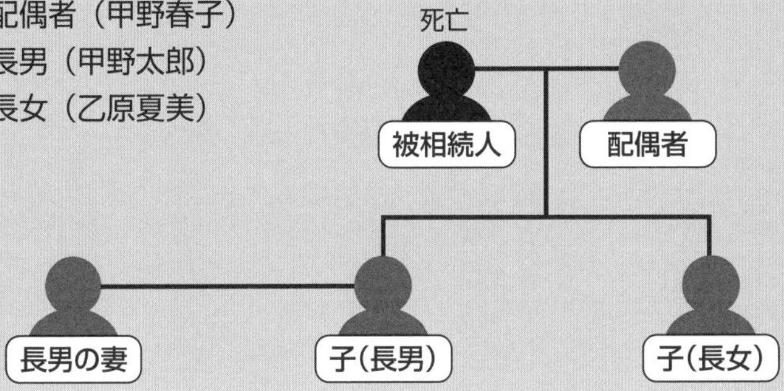

◎寄与分あり

相続人全員の協議で、長女の寄与分を300万円と認めた。

◎生前贈与あり

長男に生前贈与（特別受益）500万円がなされている。「持戻しの免除」はされていない。

考え方　寄与分とは、相続人の中に被相続人の事業を手助けしたり、その療養看護に尽くしたりして、被相続人の財産の維持・増加について特別の寄与をした者がいるとき、その「特別の寄与」の分を寄与者の相続分に加算して受け取らせる制度です（民法904条の２）。この寄与分は、まず相続人全員の協議によってその大きさを決めますが、決まらないときは家庭裁判所の調停・審判にかけて決めてもらいます。

ここでは亡くなった被相続人の介護を長年にわたり長女がつとめてきた、というケースについて考えます。注意点は以下のようなことです。

★寄与分が認められる者は相続人に限ります。

⇒たとえば長男の妻や子がいくら献身的に介護を続けていたとしても、相続人ではない以上、寄与分は認められません。ただし、相続人でなくても被相続人の介護などで特別の寄与があったと認められれば、その相続人ではない親族（特別寄与者）は、相続の開始に際して、その寄与に相応する金銭（特別寄与料）の支払いを相続人に対して請求できます（民法1050条）。

★被相続人との親族関係などから一般に期待される程度を超えた、著しい貢献でなければ、寄与分は認められません。

⇒夫婦間には同居・協力・扶助義務（民法752条）があり、直系血族（親子など）・兄弟姉妹間には互いに扶養義務（同法877条１項）がありますから、その範囲内のこと（夫婦であれば同居して家事や食事の世話をするなど、子であれば自分の生活を犠牲にしない範囲で生活費を渡したり、ときおり見舞いに訪れ世話をやくなど）では、寄与分を生じさせる「著しい貢献」になりません。

★対価、報酬を得ていた場合には認められないのが原則。寄与に対する謝意として贈与、遺贈を受けている場合も同じ。

⇒ただし、貢献の度合いに比してその対価、報酬、贈与、遺贈の額が非常に小さいと認められるときは例外。

★現実に、被相続人の財産が減少を免れたという事実が認められなければなりません（介護人を雇う費用が助かるなど）。

⇒ただし結果として財産が減っていても、寄与者の行為がなければもっと減っていたと認められればOK。財産の増減にかかわりのない精神的な励ましなどは、いくら効果的でも対象外。

寄与分が実際にいくらになるかは、遺産全体に対する割合（遺産額の何割）として出す場合と、金額で寄与分相当額を出す場合とがあります。被相続人の療養介護に努めた場合は、被相続人が介護人を雇うとしたらかかるであろう費用（日当や時間給）に期間をかけた額をベースとし、これをいくらか割り引く（近親者ゆえに当然とされる部分やプロの看護師・介護士ではないことなどのマイナス分）というのが、裁判所で審判にかかったときには通例となっています。

ここでの例に即せば、相続人らがした遺産分割協議で、長女の寄与分を300万円と認めています。たとえば被相続人が介護保険制度の要介護認定で要介護３の判定を受け（起立、歩行、入浴、トイレなどに他人の手伝いが必要で日常生活にほぼ全面的な介護を要する、あるいは認知症で徘徊し大声をあげるなどの状態）、既婚の長女がほぼ毎日、実家に詰め、パート勤務も打ち切って介護にあたった（被相続人の配偶者は自身も高齢で連れ合いの介護は無理）。相続人となったその生存配偶者と長男は、公的な介護報酬基準額や長女が失ったパート代などを考え合わせ、彼女の寄与の額を１日6000円と認めた。介護期間が２年に及んだので、

6000円 × 365日 × 2年 ＝ 438万円

これに身内による素人介護である点、それに公的介護支援を受けてある程度負担が軽減している点などによる割引分として0.7をかけ（数字に厳しい長男の要求だが、裁判所に持ち込めば普通に採られる方式）、

438万円 × 0.7 ＝ 306万6000円

として、ざっくり300万円という数字を出しているのです（早朝・夜間の作業が頻繁に加わるなどの事情があれば、適宜加算します）。

寄与分の額が300万円ということで長女も納得できた場合、それぞれの相続人の受取り額を出すには、まず次のように「みなし相続財産額」を求める計算をします。なお、長男に500万円の特別受益がありますから、これについての「持戻し」の計算も同時に行なうことになります（被相続人による「持戻しの免除」はなされていません）。

遺産額		長女の寄与分額		長男の特別受益額		みなし相続財産額
3000万円	－	300万円	＋	500万円	＝	3200万円

この「みなし相続財産額」を各人の法定相続分で割り振ります。そして、出てきた数字に対し、長女については寄与分額の300万円を足します。長男については特別受益額500万円を引きます。配偶者についてはそのままです。それらの数字（計3000万円）が、今回の相続における各人の最終的な具体的相続分額（現実の受取り額）となります。

相続人	法定相続分	最終的な具体的相続分額				
配偶者	2分の1	3200万円	×	1/2	=	1600万円
長男	4分の1	3200万円	×	1/4	=	800万円
		800万円	−	500万円	=	300万円
長女	4分の1	3200万円	×	1/4	=	800万円
		800万円	＋	300万円	=	1100万円

遺産分割協議の結果

1　相続人一同は、長女乙原夏美の被相続人に対する介護の労につき、寄与分を300万円とすることに同意する。
2　甲野春子は、相続財産中、預金3,000万円（○○銀行○○支店の定期預金、口座番号××××）のうち、1,600万円を受け取る。
3　甲野太郎は、上記預金のうち、300万円を受け取る。
4　乙原夏美は、上記預金のうち、1100万円を受け取る。

ポイント　遺言の指定が何もないので、寄与相続人（長女）への寄与分の加算も、特別受益者（長男）の相続分からの受益分の減額も、すべて法定相続の決まりどおりに処理してあります。もちろん、事情に応じて、これと異なった分割をすることは相続人全員一致なら可能です。たとえば、被相続人の配偶者（子らの母）についてもすでに介護の必要が生じている場合、引き続き介護にあたるのであれば長女に対して割増しの分割をするなどです。

遺言なし

11 相続人のうちに寄与分のある者がいるとき②
⇒長男が家業の店の運転資金を出していたケース

相続時の遺産額		9000万円
遺産の内わけ	預金	2000万円
	株式（被相続人経営の会社）	2000万円
	会社敷地（被相続人が会社に貸付け）	1000万円
	土地・建物（被相続人の自宅）	4000万円

相続人　配偶者（甲野春子）
長男（甲野太郎）
長女（乙原夏美）

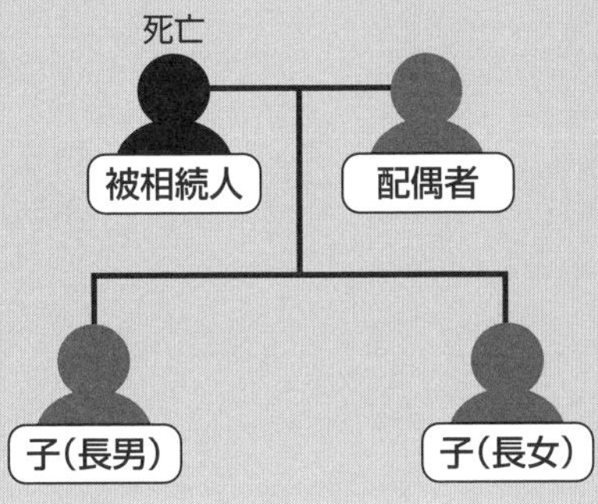

◎寄与分あり
相続人全員の協議で、長男の寄与分（被相続人の経営する甲野屋への資金供与・総額1000万円）を認めた。

考え方　相続人の中に被相続人の事業を手助けし、被相続人の財産の維持・増加について特別の寄与をした者がいるときには、その者について寄与分が生じることになります。事業を助けるといっても、そのやり方には、次の２種類があります。

① 事業に対して労務を提供する場合
② 事業に対して資金など財産上の給付を行なう場合

①としては、被相続人が営む店舗や事務所で営業や事務仕事をすること、あるいは農業や漁業であれば被相続人の作業を手伝って収穫をあげる力になることがあります。②としては、被相続人の事業の運転資金を自分の懐から出すとか、店の敷地をタダで貸すとかがあげられます。

なお、これは法律上の建前の話ですが、被相続人の経営する会社に対して労務提供や資金提供をしても、被相続人自身への貢献（寄与）とはならない理屈ではあるのです（会社は被相続人とは別の人格＝「法人」なので）。しかし、家業として個人商店や個人事務所を営んでいるような場合、お金の出し入れも経営者個人と法人のそれとが混じりあってしまっていることが多く、そういう場合には株式会社だろうと何だろうと実質は被相続人と会社が一体のものとしてとらえ、会社に対する貢献は被相続人本人への貢献とみなしてもよいものとされています。

①の労務提供型で注意すべきは、無償（給与や見返りの贈与を受けていない）でなければ寄与分は生じないということです。無償といってもゼロでなくてもよく、**貢献の度合いに比して、あるいは世間一般の水準に照らして少ないといえるなら、寄与分を認める余地があります**。

しかし、たとえば「跡継ぎ」として被相続人の事業を手伝っている人は、そのことによって給料や、それにかわる見返り（株など）を得ている例が多く、なかなかこの「無償」の条件を満たすのは難しいようです。

ここでの例では、長男は「跡継ぎ」として会社の事業を手伝っているのだろうと思われますが、その労務提供によっては寄与分を認められていません。おそらく専務などの肩書を得て、報酬を受けているのでしょう。認められた寄与分は、長男が会社に対して自身の財産から支出した1000万円です（②＝**事業に対する財産上の給付**）。ただし、これも見返りとして株などを相応に受けていれば、寄与分にはなりません。

また、裁判所でする審判では、通常、**供与した1000万円そのままで**

はなく、ある程度の割合を差し引かれることになります。これは、供与したお金が100％、被相続人の利益のみに資するとはいえず、供与者自身の地位保全にもなり、給与となって戻ってきもする、といったことがあるので、そのあたりの事情をよくみて適当な割引率を決めるのです。寄与分の存否や金額をめぐる争いの場ではそうなりますが、ここの例では相続人たちが協調的に長男の寄与分を認めてやっているのです。

なお、出したお金が会社に貸したかたちになっているのであれば、出した額そのものではなく、通常ならそのお金につく利息相当額に割引率をかけた額のみが寄与分にあたります。

さて、ここの例では、遺産総額が9000万円で、そのうちの3000万円分が家業の店を受け継ぐために必要となる財産です（経営資産である株式全部と会社の敷地）。長男に生じている1000万円の寄与分まで計算に入れて、各相続人の法定の受取り分を計算してみると、

遺産額		長男の寄与分額		みなし相続財産額
9000万円	－	1000万円	＝	8000万円

相続人	法定相続分	最終的な具体的相続分額
配偶者	2分の1	8000万円　×　1/2　＝　4000万円
長男	4分の1	8000万円　×　1/4　＝　2000万円
		2000万円　＋1000万円　＝　3000万円
長女	4分の1	8000万円　×　1/4　＝　2000万円

被相続人の事業を「跡継ぎ」が継ぐとき、経営資産の評価額が遺産の中で圧倒的な割合を占めるとなると問題が生じます。その経営資産を「跡継ぎ」が１人だけで継ぐと他の相続人の遺留分まで侵害することになるが、さりとて小分けにして継ぐと経営が立ち行かない、ということになるのです（会社経営にしても農業経営にしても）。そのために被相続人

の生存中から事業承継のための手当て（「跡継ぎ」以外の推定相続人への経営資産以外の財産贈与など）をしていく必要があり、遺言でも然るべき指示を残すべきなのですが、この例ではそうした生前の手当てはなされておらず、被相続人が急死したなどの事情で遺言もないという設定になっています。

遺産分割協議の結果

1　相続財産中、株式会社甲野屋の発行株式全部（10,000株）を甲野太郎が相続する。

2　上記株式の評価額を１株当たり2,000円、発行株式総数10,000株について2,000万円とすることを相続人全員一致で認める。

3　甲野屋に賃貸中の敷地（不動産の表示…略…）は甲野太郎が相続する。

4　相続財産中、自宅土地・建物（不動産の表示…略…）は、甲野春子が相続する。

5　乙原夏美は、相続財産中、預金2,000万円（○○銀行○○支店の定期預金、口座番号××××）を相続する。

6　相続人一同は、甲野太郎が株式会社甲野屋の経営資金として自己の財産より1,000万円を支出したことを認め、これを今次相続において同額の寄与分とすることに同意する。

ポイント　幸いなことに長男が経営資産をすべて継いでも（3000万円）他の相続人の遺留分侵害は生じないですんでいます。

生前贈与、遺贈、負債がないものとすると、配偶者の遺留分は、

遺産額		遺留分率		法定相続分		
9000万円	×	1/2	×	1/2	＝	2250万円

長女の遺留分はその半分の1125万円です。

遺留分を計算で出すには、相続人に生じている寄与分は足し引きしません。

遺言なし

12 先妻の子と後妻の子が相続人になるとき ⇒将来の相続も含めて受取り額の差をなくすケース

（相続時の遺産額）　6000万円

（遺産の内わけ）　預金　6000万円

（相続人）　配偶者（甲野春子）
次男（甲野次郎…被相続人の現配偶者の子）
長女（乙原夏美…被相続人の現配偶者の子）
長男（丙川太郎…被相続人の元配偶者の子）

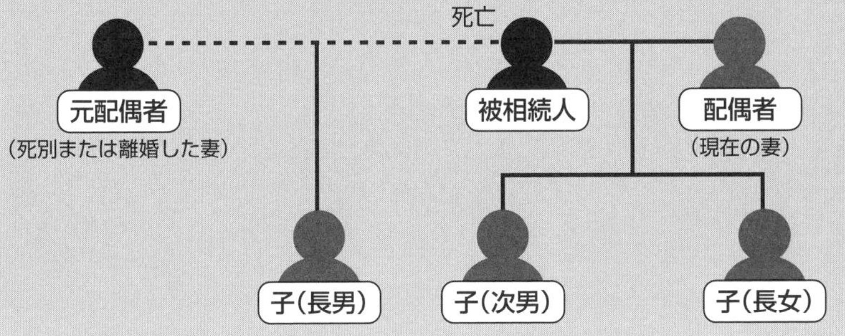

考え方　亡くなった被相続人に子が３人いますが、うち１人は先妻の子（被相続人の長男）です。先妻の子といえども、被相続人の嫡出子である以上、現在の妻の子たち（次男・長女）とまったく均等の法定相続分を持ちます。ただ、この長男は、今回の相続ではほかの子と均等の受取りにあずかれても、将来の相続で差をつけられることになります（今回、被相続人の遺言による別段の指示はないものとします）。

それは、こういうことです。被相続人の現在の妻の子である次男と長女は、自分たちの母が今回の相続で受け取った遺産を、いずれは相続することになります（先に亡くならない限り）。しかし、元妻の方は、死別するか離婚するかで被相続人の相続人ではなくなっているわけですから、長男は被相続人の子としての相続分は別として、自分の母を通じて被相続人の遺産を将来の時点で受け取ることはできません。

配偶者の法定相続分は遺産の２分の１という大きな割合ですから、同じ被相続人の子であっても、元配偶者の子と現配偶者の子とでは、結果的に受取り額に大きな差が生じます。今回の相続で各相続人が受け取る金額と、将来、次男と長女が母親の死亡によって受け取る被相続人の遺産分まで加えた金額とを比べてみると、次のようになります。

今回の相続

相続人	法定相続分	金額ベースの法定相続分
配偶者	2分の1	6000万円 × 1/2 ＝ 3000万円
次男	6分の1	6000万円 × 1/6 ＝ 1000万円
長女	6分の1	6000万円 × 1/6 ＝ 1000万円
長男	6分の1	6000万円 × 1/6 ＝ 1000万円

将来、現配偶者（次男・長女の母）が亡くなったときの相続

＊配偶者個人の固有財産は除いて考え、夫から相続した3000万円は増減しなかったものとします。

相続人	法定相続分	金額ベースの法定相続分
次男	2分の1	3000万円 × 1/2 ＝ 1500万円
長女	2分の1	3000万円 × 1/2 ＝ 1500万円
長男	なし（亡くなったのは自分の親ではない）	0円

調べているのは今回亡くなった被相続人の遺産の最終的な行き先なので、現配偶者がもともと持っていた自分名義の固有資産は除いて考えま

す。また、現配偶者が被相続人から相続した3000万円が、現配偶者死亡による相続時点でもそのまま残っているものとしておきます。

そうすると、被相続人の子どもたちは、最終的には被相続人の財産を次のような額で分け合うことがわかります。

次男（現配偶者の子）	2500万円
長女（現配偶者の子）	2500万円
長男（前配偶者の子）	1000万円

これを、長男としては我慢ならない差だと感じても無理はないでしょう。仮に現配偶者の子と前配偶者の子が１人ずつだったとすると、5000万円対1000万円という、もっと極端な差がつく話にもなるのです。

このような事態は前もって予測できるのですから、被相続人が生前に手当てをこうじていることもあるでしょう。将来時点の現配偶者からの相続まで織りこんで、長男と次男・長女の受取り分に最終的に差がつかないよう（あるいは自分が思うとおりの差がつくよう）長男に対して生前贈与するなり遺言で厚く受け取らせるなりしていれば、この件に関しての問題は回避されます。しかし、そのような手当てがない場合は、法定相続のルールにのっとって、相続人たち全員が遺産分割協議の場で具体的な配分を決めなければなりません。そして、その場で、将来必ず生ずる不公平を長男が問題にすることは当然のごとく予想されます。

仮に、被相続人の現配偶者が将来亡くなったときの相続まで含めて子どもたちが均等に被相続人の財産を受け取るとしたら、いまの時点の相続でいくらずつ分ければいいのかを計算してみましょう。

被相続人の残した財産は6000万円です（遺言はなく、生前贈与や寄与分もないものとします）。この6000万円を被相続人の子３人で均等に分け合えば2000万円ずつです。そこで、遺産分割においては、6000万円の遺産のうちから前配偶者の子に2000万円を分け与えます。

残った4000万円を被相続人の現配偶者と子２人で法定相続分どおりに

分けると、配偶者＝2000万円、子１人あたり＝1000万円ずつになります。将来、現配偶者が亡くなって、この2000万円を子１人が1000万円ずつ相続すれば、最終的に子１人あたりは被相続人の遺産について、被相続人からの直接の相続＝1000万円、自分の母親を通じての相続＝1000万円で、計2000万円ずつ継ぐことになります。そうすると、被相続人の子ども ら３人は、被相続人の財産を等しく2000万円ずつ受け取れるわけです。

なお、前配偶者の子（長男）は、将来生ずる受取り額の差を前倒しで埋め合わせてもらうのですから、正確にはその間の金利分を差し引かなければなりません。しかし、現配偶者の死亡時期は予見不能ですし、計算も細かくなりますので、考慮外のこととします（ただ、この点を含め長男の額を多少とも割り引く処理をすることは、争いを避ける現実的な方策といえるでしょう⇒下記ポイント参照）。

遺産分割協議の結果

1　甲野春子は、相続財産中、預金6,000万円（○○銀行○○支店の定期預金、口座番号××××）のうち、2,000万円を受け取る。
2　丙川太郎は、上記預金のうち、2,000万円を受け取る。
3　甲野次郎は、上記預金のうち、1,000万円を受け取る。
4　乙原夏美は、上記預金のうち、1,000万円を受け取る。

ポイント　上の遺産分割条項は、被相続人の遺産を子どもたちが最終的に均等に受け取ることだけ考え、計算上の数字を機械的に割り振ったものです。実際には、ほかのさまざまな事情もあわせて調整した上で分割案をまとめることになるでしょう。

遺言による別段の指示がなく、法定相続となれば、前配偶者の子と現配偶者の子に差がついても法の定めどおりなのです。上のような分割例は、後妻側がすすんで公平を旨としてくれた結果で、むしろ前配偶者の子に有利に傾いている感もあります（すぐに多額の現金を使える）。ここまで機械的に均等でなく、前妻の子の額を多少割り引く案が、より現実的かもしれません。

第4章

Q&Aですぐわかる！

遺産分割をめぐるトラブルと解決法

相続は「争続」と呼ばれるくらい、争いのタネの尽きないものです。最終的に相続人の全員一致で遺産分割をまとめなければ、相続の作業は終わりません。多数決で決めるわけにはいかないのです。なんとか全員が不満を持たない分割案を練るとしても、「全員納得」というのは、なかなかに高いハードルです。この章では、よく起きるトラブルをとりあげ、Ｑ＆Ａの形式で、問題解決の方法と、そのために知っておくべきことがらを端的に示していきます。お互いが譲歩しあうためにも、ベースとなる相続の基本ルールをふまえることが大切です。

◆円満な遺産相続を行うための心がまえは

◎相続争いが起こる原因は

遺産相続をめぐっての最終的な段階が、遺産分割です。相続争いと言われるものの大半が、この遺産分割をめぐるものです。

遺産分割は、親、兄弟姉妹といった親族どうしの話合いで、誰が、どの財産を相続するかを決めるものです。それなのに、どうして争いが起こるのでしょうか。

原因は、家族のおかれた状況、親族間の感情的な対立、経済力の差、被相続人に対する対応など、いろいろ考えられますが、お金のかかる世の中ですから、「お金がほしい」というのが相続人の偽らざる気持ちでしょう。

◎譲歩の気持ちで臨むのが大切

親族間のモメごとは、一般の場合に比べて深刻になりがちです。一度感情的なしこりが生ずると、協議どころか、挙げ句の果ては、冠婚葬祭以外に口もきかない事態にまでなりがちです。事の発端は遺産の相続なのですが、争いは拡大してしまいます。

よいものが欲しい、価値のあるものを相続したいというのは、誰しも同じです。遺産分割協議というのは、これをまとめるための話合いです。大事なのは話合いに臨む相続人の態度です。

モメごとを話合いで解決する方法に、示談とか和解があります。解決に至るために一番大切なのが、自分の主張に固執せず、相手の言い分も聞いて、譲歩の姿勢で臨むことです。遺産分割協議でも、このことはまったく同じです。

ただ、やみくもに譲歩しろと言われても納得はできないでしょう。だからこそ、遺産の分け方について法律（民法）の規定はどうなっている

……譲歩の気持ちがトラブル回避には大切

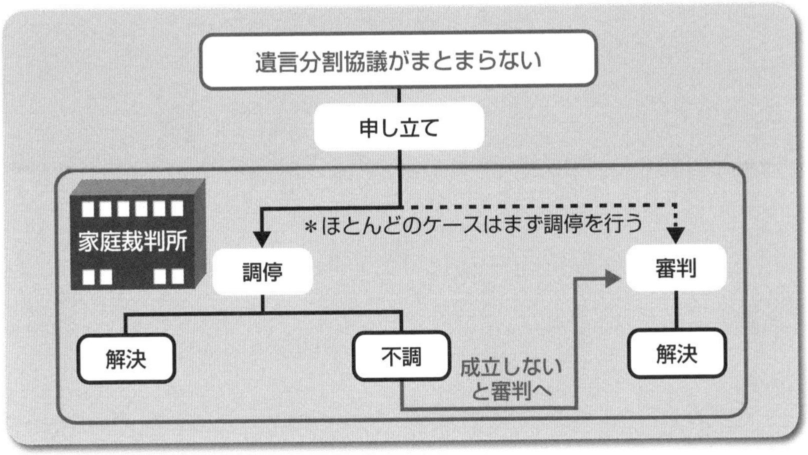

か、その法律は相続人たちの公平をはかるためにどのような規定を置いているかをしっかりと理解し、それを前提として、お互いが公平なルールにもとづいた判断をするということが大切です。

◎法定相続分どおりにいかないが

現金や預金のみが相続財産でしたら、法定相続分に従って分割できます。しかし、遺産は土地や家屋などのように分割しにくいものもあります。協議に参加する全員が合意すれば、法定相続分と異なる分割方法も許されています。

また、主な財産が土地しかないというのであれば、これを売って代金を分割する方法もあります。農業を長男に継続させるために、農地を長男に相続させ、その収益の中から他の相続人に分割払いで金銭を支払うなどの方法も考えられます。

どうしても話合いがまとまらない場合には、家庭裁判所に申し立てて調停や審判で決めることになります。

Q1 兄弟の仲が悪くて遺産分割協議ができないが

★進展がなければ家庭裁判所に持ちこんで解決する

A ▶相続人全員の合意がないと協議は終わらない

兄弟の仲が悪いからといって、仲の悪い兄弟をはずして遺産分割協議をすることはできません。遺産分割協議は、あくまでも全員の参加が必要で、相続人全員の参加しない遺産分割協議は無効となります(もっとも、必ずしも一堂に会する必要はなく、順次に合意をとっていく持回り形式も許されますが、相続人全員の合意は必須の要件です)。

●家庭裁判所を利用する

とにかく、まずは遺産分割協議に参加するように呼びかけてみることです。それでも参加しない場合はどうしたらよいでしょうか。

民法では、遺産分割の協議ができないときは、どの相続人からでも家庭裁判所に分割請求を申し立てうる（907条２項）としています。

まずは、家庭裁判所の家事手続案内で手続のしかたを相談してみることです。その上で、遺産分割の調停申立てを行います。

家庭裁判所は、出てこない相続人に対して、調停の期日を定めた呼出状を送ります。かたくなな相続人も、家庭裁判所からの呼び出しには応ずるのではないでしょうか。正当な理由がないのに呼び出しに応じない場合には、５万円以下の過料が科せられることがあります。

もし、調停での話合いでもまとまらない場合には、審判によって家庭裁判所で決めてもらうことになります。

ポイント 最終的には家庭裁判所に分配を決めてもらう。

Q2 遠方の妹が遺産分割協議には出ないと言うが

★一堂に会さなくても協議成立は可能

A ▶直接協議に参加しないですます方法もある

遺産分割協議は、共同相続人の全員が一堂に会し、協議するのが原則です。しかし、相続人の事情によっては、直接参加することができない場合もあります。ご質問のように、遠方に住んでいるためとか、病気で入院中であるなどの場合です。

そこで、そのような相続人のために、あらかじめ相続人の一人が遺産の分割案を作成し、遠隔地に住んでいる相続人に送って署名捺印して送り返してもらうような方式、あるいは持ち回り方式も認められています。

●代理人を立てることもできる

自分が遺産分割協議に直接参加できないのであれば、誰か適当と思われる人を代理人とし、具体的な事情や条件を話してから協議に参加してもらうこともできます。ただし、遺産分割協議に参加する別の相続人に頼むことはできません。

というのは、頼んだ自分と頼まれた別の相続人との間では、利害が相反するからです。

どうしても適当な人がいない場合には、多少費用はかかりますが、弁護士に依頼するとよいでしょう。弁護士であれば、あなたの立場に立って的確に権利を主張してくれますし、また弁護士には守秘義務がありますので、あなたの事情が他に漏れる心配はありません。

ポイント　遺産分割の合意は持ち回りでもOK。

Q3 相続人である母が重い認知症で協議ができないが

★後見人や特別代理人が代わりに協議に参加する

A ▶家庭裁判所で成年後見人の選任を

子どもであっても、ご質問のような認知症の人であっても、被相続人の遺産を相続できます。ただ、このような人は、遺産分割協議のような法律行為の意味や結果を認識する能力に欠けていますので、法律行為の代理をしてくれる人を選任してもらうことが必要です。

認知症のように判断力に障害がある人については、本人、配偶者、あるいは親族などが家庭裁判所に申し立てて、後見開始の審判をしてもらいます。後見開始の審判を受けた人（成年被後見人）には成年後見人がつけられ、成年被後見人を代理して法律行為を行うことになります。

共同相続人のうちの一人が別の相続人の成年後見人になった場合（たとえば母親の後見人に子がつくなど）には、相続に関しては利害が対立しますので、後見監督人がいればその者、いなければ家庭裁判所で選任してもらった特別代理人が遺産分割協議に参加することになります。

●本人が分割協議に参加した場合は

認知症の度合いがやや軽い場合には、家庭裁判所に保佐開始の審判を申し立てて、保佐人を選任してもらいます。この場合には、保佐人の同意があれば当人（被保佐人）が遺産分割協議に参加できます。

なお、成年被後見人が協議に参加して遺産分割を決めてしまった場合には、当人または成年後見人から、いつでも取り消すことができます。

ポイント 相続人同士の代理は利益相反でできない。

Q4 葬儀に愛人の子がやってきて相続させせろと言うが

★認知の有無を被相続人の出生から死亡までの戸籍で調査

A ▶**愛人の子が相続人になるには認知が必要**

正式な夫婦の間に生まれた子は嫡出《ちゃくしゅつ》子《し》、内縁関係にある者や愛人との間に生まれた子は非嫡出子と呼ばれています。父親からの相続権を非嫡出子が主張するには、自分が父親の子であることの証明が必要です。

父親が生前に市区役所に「認知届」を提出していれば問題ありません。父親の戸籍（結婚前にはその親の戸籍）にその旨が付記されているのでわかります。認知がない場合には、非嫡出子は検察官を被告として裁判所に認知を求める訴訟を起こして判決をもらうことが必要です（父親の死後３年以内なら起こせます。DNA鑑定で実の子と判定されただけではだめで、この訴えで強制認知を勝ち取らなければなりません）。

●非嫡出子の相続分が嫡出子と同等に

非嫡出子の相続分は、嫡出子（正式な夫婦の間で生まれた子）と同じになりました（以前は２分の１）。たとえ非嫡出子であろうと子どもには何の責任もないのに、不当な差別は許されないと最高裁が認め、平成25年に民法の一部が改正されました（40、43ページ参照）。

なお、非嫡出子が認知されたからといって、父親の戸籍に入るわけではありません。この子は母親の氏を名乗り、母親の戸籍に入っていますが、家庭裁判所の許可を得て認知の裁判の確定した日から10日以内に市区役所の戸籍担当部署に届け出ることで父親の戸籍に記載されます。

ポイント　**認知されていない非嫡出子には相続権がない。**

Q5 遺産分割後に被相続人の子という人が現れたが

★認知があれば相続権があるので調査する

A ▶実の子かどうかの確認が先決

遺産分割協議を始める前に必ずやっておくべきことに、相続人の確認があります。被相続人の戸籍謄本《こせきとうほん》（電子化後は戸籍全部事項証明書）や除籍《じょせき》謄本を取り寄せて、相続人が誰であるかを確定することです。

もし、被相続人に隠し子がいて、その子を認知していれば、戸籍上に記載されます。戸籍を調べてもわからなかったとしたら、その子は認知を受けていなかったことになります。

その子が、自分は被相続人の子であると主張するには、裁判による認知（強制認知といいます）を受けるしかありません。認知の判決が下りて始めて、相続権を主張できることになります。

●遺産分割後の相続権の主張の場合

遺産分割は、相続人が協議して、誰が何を受け取るかを話合いで決めることですが、新たに相続人が登場したことで、これをやり直すとなると、手間も手続きも大変なことになります。

そのような場合を予想して、民法では、遺産分割終了後に認知を受けた相続人が出てきたとき、他の共同相続人がすでに相続財産の処分を終えている場合には、その相続人は金銭による請求のみができると定めています（910条）。この金銭による請求は、遺産を取得した相続人に対して、法定相続分の割合に従って請求することになります。

ポイント 遺産分割後の登場なら協議のやり直しは不要。

Q6 被相続人の愛人が死因贈与契約書を持ってきたが

★本物なら有効だが、事情によって無効とされることも

A ▶死因贈与契約の内容により判断する

「自分が死んだ場合には○○（財産）を誰それにやる」というのを一方的にするのが遺言による遺贈です。これに対して、自分が死亡した場合には、○○を贈与することを、あげる人ともらう人が契約するのが死因贈与契約です。

遺言による遺贈の場合には、遺言者が相手の意向はおかまいなしに、一方的に遺贈することを決めるもので、これをもらう受贈者は、拒否すること（遺贈の放棄）も自由です。死因贈与は、被相続人の死後に財産をもらうことでは遺贈と同じですが、死因贈与は贈与契約の一種で、あげる側ともらう側の意思の一致が必要です。ただ、民法では、死因贈与については遺贈に関する規定を準用することにしています。

●相続人は遺留分で守られる

贈与の内容が、法定相続人の遺留分を侵害するほどのものでないかぎりは、愛人への贈与も有効でしょう。問題は遺産のすべてを贈与するというような内容の場合です。贈与が不倫の維持継続のためで、結果として配偶者の生活が危難に陥るなどの事情が考慮された上で、贈与契約自体が公序良俗に反して無効とされた裁判例があります（東京地裁・昭和63年11月14日判決）。不倫の維持が目的でない場合でも、侵害された遺留分は遺留分侵害額請求権を行使して払い戻させることができます。

ポイント 死因贈与が有効でも、遺留分は守られる。

Q7 受取りが決まった不動産が他人のものだったが

★ほかの相続人に金銭での補償を請求できる

A ▶分割協議の前にしておくことがある

遺産分割協議の前によく相続財産の確認をしていないと、話合いで不動産を相続することに決したのに、ふたを開けてみたら被相続人がすでに他人に売ってしまっていたというようなことが起こり得ます。

民法ではこのような場合に備えて、「各共同相続人は、他の共同相続人に対して、売主と同じく、その相続分に応じて担保の責任を負う」と規定しています（911条）。協議で相続することが決まった財産が存在しなかったり、債権が回収不能などの場合、他の相続人が相続分に応じて担保の責任を負う（欠落分の埋め合わせで金銭賠償をする）のです。

●ほかの相続人が自分の相続分を他人に売っていたとき

相続人の中には、分割協議が行われる前に、自分の相続分を他人に譲渡してしまう者もあります。そうなると相続分を譲り受けた赤の他人が遺産分割協議に参加してきます。これでは協議が円満に進みません。

そこで民法は、このような場合は、「他の共同相続人は、その価額および費用を償還して、その相続分を譲り受けることができる」と規定しています（905条）。この取戻しをする（1カ月以内にする）場合には、譲受人に通知をするだけでよいことになっています。

不動産の場合には、登記をする際の添付書類として、遺産分割協議書が必要なので、この書類のない譲渡が行われることは少ないでしょう。

ポイント 他人に売られた相続分は償金を払えば取り戻せる。

Q8 遺産のほとんどが愛人に贈与されていたが

★公序良俗違反で無効になることもある

A ▶贈与が公序良俗違反かどうかがポイント

被相続人は、自分の所有する財産を、生前であろうと死後であろうと自由に処分することができます。将来、法定相続人になると思われる者、すなわち推定相続人が、「それは将来自分たちが相続するものだから、処分はやめてくれ」と要求する権利はありません。

被相続人は、生前であれば、自分の財産を誰に対しても、無償で譲り渡すことができます。これが「贈与」です。これは民法の規定する契約の一種で、「あげよう」「もらいます」という意思の一致が必要です。

問題は、その贈与がどんな目的で行われたかです。愛人関係の維持、継続のためであれば、民法90条の「公序良俗」違反で無効となります。ただ、もっぱら生計を被相続人に頼っていた愛人の生活維持の目的であれば有効という判例もあります。

●１年以内の贈与なら遺留分侵害額の払戻し請求を

贈与がすでに実行されていれば、取消しの請求はできません。しかし、その贈与が被相続人の死去の前１年以内にされ、その贈与によって相続人の遺留分が侵害されている場合には、相続人は遺留分を侵害された額の払戻し請求権を行使することができます。また、当事者が、相続人の遺留分を侵害することを知った上で行ったのであれば、１年より前の贈与であっても遺留分払戻し請求権を行使できます（民法1044条）。

ポイント　生前贈与が有効でも、遺留分は取り戻せる。

Q9 分割協議後に新たに遺産が見つかったが

★分割協議をすべてやり直す必要はない

A ▶一度に遺産分割をするのがベストだが……

遺産分割は、遺産が数多くあり、これを調査するのに長時間が必要な場合、または遺産の一部について訴訟を起こされており、判決が出て確定までに時間がかかる場合などには、一部についての分割や段階的な分割をするしかありません。遺産の一部についての分割を行う場合には、遺産分割協議書に一部分割である旨を必ず明記しておいてください。なお、遺産の中の預貯金は、銀行など金融機関に口座名義人＝被相続人の死亡が知れると凍結されて引き出せなくなります。葬儀費用や遺族の当座の生活費も遺産分割完了まで引き出せないのでは困ったことになりかねないので、それぞれの相続人は、遺産となった預貯金額の３分の１に各自の決定相続分をかけた額（ただし１金融機関あたり上限150万円）までは１人で引き出せることになりました（民法909条の２）。

●新たに出てきた遺産の分割は

遺産分割協議に先立って、遺産の確定は必ずやらなければならないことです。しかし、人間のやることですから見落としやチェック漏れが出てくることもしかたありません。

遺産分割協議が終了し、分割協議書が作成された後で、新たに遺産が出てきたときは、面倒でも相続人が再度集まって、新たに漏れていた遺産について分割協議を行えばすみます。

ポイント　一度に全部分割する必要はなく、一部分割もOK。

Q10 ないと思っていた遺言書が分割協議後に出てきたが

★相続人全員一致なら協議のやり直しは不要

A ▶遺言と異なる部分は無効

法定相続と遺言による相続では、遺言による相続が優先します。遺産分割協議が終了した後で、遺言書が出てきた場合はどうでしょうか。

遺言には時効がありません。場合によっては、遺産分割終了後何年も経ってから遺言書が発見されることもあります。そのような場合でも遺言内容が優先しますから、遺言内容と異なる遺産分割は無効ということになります。

しかし、相続人全員が合意した場合には、遺言の内容と異なる遺産分割も有効とされていますので、反対する者がなければ遺産分割協議どおりでよいことになります。

●次の場合には注意が必要

しかし、その遺言書に遺言執行者が指定されている場合には、遺産分割協議どおりというわけにはいきません。

遺言執行者が遺産分割を追認してくれればよいのですが、追認してくれなければ、遺言執行者の指示に従って遺言の内容どおりに遺産分割をやり直さなければなりません。

遺言書で相続人以外の第三者への遺贈がなされている場合も問題です。遺産を受け取る権利のある受贈者を除外して遺産分割協議が行われたのですから、協議は無効となり、再度遺産分割を行うことになります。

ポイント　遺言執行人の指定があれば協議のやり直しは必至。

Q11 死んだ父親の預金がおろせないのだが

★銀行が口座名義人の死亡を知ると口座は凍結される

A ▶相続人全員で銀行に相続届を出す

ちゃんとした葬儀をするには費用も大変です。そのために死亡した被相続人名義の預金を引き出すことも、便宜上よく行われています。

相続人の誰かが、被相続人のキャッシュカードを持っており、暗証番号がわかれば、簡単に引き出すことができます（ただし、銀行が預金の名義人の死亡を知ればその口座は凍結されます)。

後で相続人の誰かがクレームをつけると問題になりますので、きちんと相続人同士で話し合っておくことが必要です。

●問題のない被相続人名義の預金の引き出し方

死亡した被相続人名義の預金の正式な引き出し方は、まず、銀行で相続届をもらって提出します。これには払戻しか、届出人の口座への名義替えか、解約かの選択があります。

これには、添付書類が必要で、被相続人の出生から死亡までの連続した戸籍（除籍）謄本、および相続人全員の戸籍謄本)、それに全員の実印と印鑑証明が本人確認のために必要です。

なお、遺産分割をすませて銀行に相続届を出す前でも、各相続人は遺産となった預貯金の一部（預貯金額の３分の１に各相続人の法定相続分をかけた額、ただし１金融機関あたり上限150万円）については仮に引き出せることになりました（民法909条の２)。

ポイント 凍結後の口座から預金をおろすには書類集めが大変。

Q12 主な遺産が借地上の建物だけの場合の分割は

★売って分けるか、１人が相続し代償金を支払う

A ▶借地権も相続できる

借地権とは、建物を建てるために土地を借り受ける「地上権」または「賃借権」のことをいいます。一般には賃借権がほとんどです。

借地権というのは借地借家法で保護されている強い権利で、借地権価格も更地の70％程度の価値があるものとして評価されています。このように借地権は財産的価値があるものですから、当然に相続の対象になりますし、相続税の対象にもなります。

●借地権を分割するには

通常、借地権の相続は、借地上に建てられている家屋の相続です。借地上の家屋には借地権が従属しており、これをいっしょに相続することになるのです。相続人が複数いれば、誰が建物を相続するかで借地権の帰属先も決まります。もちろん、共有という形での相続もできます。

相続財産の主なものが、この借地上の建物のみという場合には、この建物を売却して（土地賃借権の場合には賃借権の譲渡になりますから、地主の承諾が必要です）、売却した代金を分割するか、あるいは相続人の一人が建物を相続し、建物の評価額が自分の相続分を超えているときには、その超過分をほかの相続人に金銭で支払うことになります。

借地権の相続の場合に、地主から名義書換料とか更新料を請求してくることがありますが、支払いをする義務はありません。

ポイント 賃借地上の建物を売るには地主の承諾が必要。

Q13 分割協議で家をもらう姉が約束の代償金を払わないが

★分割支払いや期限の繰延べなど支払い方法を話し合う

A ▶代償分割は支払い方法の取決めが肝要

遺産を分けるには、いろいろな方法があります。現金のように分割が容易なものなら、相続分に従って分ける「現物分割」が可能です。

しかし、建物、船舶などのように分割が困難であったり、分割すると価値がなくなってしまう物については、現物分割はできません。そこで相続人の一人に現物を取得させ、自分の相続分を超える分については、他の相続人に対して債務を負担させる分割法があります。これを「代償分割」といい、実務でもよく利用されています。

●代償分割でお金が支払われないときは

代償分割の方法を取る場合には、これを受け取る相続人の支払能力、支払期限、分割支払の方法、担保の設定などを分割協議の話合いでしっかり決めておくことが大事です。

では、代償分割をしたのに代金が支払われなかった場合には、どうしたらいいでしょうか。まずは、当の相続人と話し合って、どのような条件なら支払いができるかを聞いてみてください。納得できるものであれば、受け入れるしかありません。

もし、どうしても支払いが不可能だという場合には、その不動産を売却して、その代金を分割する方策を取るしかありません。最終的には訴訟（地方裁判所）によって履行を強制する方法をとることになります。

ポイント 最終的には物件売却で分配し直すしかない。

Q14 遺産の土地・建物に抵当権がついているが

★債務額超過なら相続放棄を考える

A

▶まず、抵当権がつけられた理由を調べる

抵当権は、銀行などからの借金の担保であるケースが多いでしょう。相続では、被相続人の債務は、各相続人が相続分に応じて受け継ぐことになっています。土地・建物を競売したり、債権者と協力して売却したりしても、完済に足りなければ相続人の債務として残ります。他のプラスの遺産と合わせてマイナスになるようなら相続放棄を考えるべきでしょう。相続人が全員一致すれば、限定承認の方法もとれます。

どうしても不動産を守りたいときは、相続人が自腹を切ってでも借金を返す必要があります（利息の過払いがあるなどにより、債務額を減らせる可能性はあります）。親族や知人など協力してくれる第三者がいれば、物件を買い取ってもらい、代価弁済（民法378条）や抵当権消滅請求（379条）で抵当権を消してもらってから買い戻す手も考えられます。

被相続人が他人の借金のために自分の不動産を担保に入れていることもあります（物上保証人）。この場合、本来の債務者が返済しないと、不動産は競売にかけられてしまいます。

●住宅ローンによる抵当権の場合

住宅ローンを借りる場合には抵当権の設定が要求されます。最近の住宅ローンでは、生命保険付きがほとんどです。この場合には被相続人の死亡で住宅ローン債務はなくなりますので、抵当権も抹消できます。

ポイント　土地・建物を残すには債務を弁済するしかない。

Q15 生前贈与を受けた兄が相続も法定相続分どおりと主張するが

★「持戻しの免除」がなければ受益者の相続分は減らされる

A ▶贈与を受けた財産が特別受益にあたるか否かがカギ

被相続人から受けた生前贈与が遺産分割にあたって問題になるのは、生前贈与が「特別受益」にあたる場合です。「特別受益」の価額は遺産分けの際には遺産総額に算入（持戻し）されることになっています。

特別受益にあたる場合とは、①遺言による遺贈、②婚姻・養子縁組のための贈与、③独立費用や新居の建設費用など「生計の資本」とするための贈与があった場合とされています（ただ、ある程度まとまった額なら、名目を問わず特別受益とするべきとする考え方が有力です）。

●遺産に算入する際の評価をどうするか

特別受益の額は、被相続人の死亡時の遺産額にこれを組み入れて各相続人の相続分の額を計算し、受益者以外の相続額を増やします。他方、受益者の相続分からは受益額を差し引きます。問題になるのは、生前贈与を受けた時期と相続開始の時期が離れている場合、どの時点で贈与財産の評価をするかですが、相続開始の時点で評価することになっています。すなわち、贈与を受けたとき1000万円でも、物価の変動で相続開始のときには3000万円と評価された場合は3000万円が評価額です（贈与を受けた者の相続分から差し引く額が大きくなります）。

現金も、数十年前の100万円と今の100万円では価値が違います。過去の贈与は物価指数で相続開始時に換算すべきと考えられています。

ポイント 生前贈与の価額の評価は相続開始の時点でする。

Q16 死んだ父親に貸したと借金取りがやってきたが

★相続を放棄していなければ相続人に返済義務がある

A　▶相続人は債務も相続する

被相続人が借金など多くの債務を抱えており、債務がプラスの遺産額を上回る場合には、相続人は「相続放棄」をすることで、借金取りに対抗することができます。なお、相続人が相続放棄をできる期間は、相続人が相続の開始を知ったときから３カ月以内です（ただし、被相続人に相続財産が全くないと信じたことについて正当な理由があるときは、例外的に３カ月後でも相続放棄が認められるとする判例があります）。

相続人が、相続放棄などの手続きを取らないと、自動的に相続を承認したものとされます。相続財産のうちに、借金などの債務があれば、これも相続人が相続したものとされます。相続人が複数いれば、各人が法定相続分に従って、債務を相続する原則になっています。

●債務につき協議で別の定めをすることは

たとえば、遺産分割協議で、家業を継ぐ長兄にプラスの遺産の大半を相続させ、かわりに債務も全部相続させる内容の合意は有効でしょうか。

債務の相続は、相続の開始と同時に、相続人が法定相続分に従って分割承継するもので、遺産分割の対象となる遺産となるわけではありません。遺産分割協議で、相続人全員の合意のもとに法定相続分と異なる債務の負担の取り決めをしても、債権者の承諾がない限りはムダです。逆に言えば、債権者の承諾があれば有効となります。

ポイント　相続人が決めた債務の分担は債権者に強要できない。

Q17 会社の後継者は誰かで協議が難航しているが

★株式を誰がどれほど継ぐかで決着する

A ▶経営者の地位は相続の対象外

個人事業であれば、相続人の誰かが事業資産を受け継いで経営を行っていくことはできますが、法人としての会社（株式会社や特例有限会社）の場合には、会社自体が個人と同じように人格（法人格）を持ち、権利を有し義務を負います。

大会社はもちろん、中小企業であっても、被相続人が社長だからといって、相続人が会社の事業資産を相続したり、社長の地位を相続するということはありません。法人と社長とは別の「人」なのです。

被相続人である社長から相続できるのは、株式会社であれば株式です。中小会社の社長の多くは株式の大半を所有してその地位についています。

●相続人に会社を継がせるには

長男に会社を継がせるために、遺言で被相続人の所有する株式を全部相続させれば、株主総会において取締役に選任されます（というより自分で株主権を行使して取締役につきます）。そして、取締役が複数いる会社であっても味方を集めて社長（代表取締役）になれます。

遺言がなく、遺産分割協議でもめ、法定相続分に従って株式を分散させるのは紛争の種をまくようなものです。話合いを重ね、跡継ぎとなるべき相続人に株式を集中させるべきでしょう。そのさい、株式を受け取らない相続人に対しては、代償分の手当てを考えなければなりません。

ポイント 会社経営のためには株式を分散させないこと。

Q18 遺産分割で受け取った土地の面積が足りないが

★遺産分けしたものの欠陥は相続人全員で背負い合う

A ▶共同相続人は担保責任を負う

共同相続人のうちの一人が相続することになった土地の坪数が、ちゃんと測ってみたら登記簿の数字より少なかったり、あるいは建物が欠陥住宅であった場合などには、他の相続人に比べて不公平となります。そこで民法は、遺産分割により相続することになった遺産が欠陥などのため本来の価値を欠く場合には、他の相続人に対して担保（不足額の支払い）の責任を追及できることにしています（民法911条）。

●欠陥の負担割合は実際に受け取った遺産額の割合

各相続人の担保責任は、法定相続分によらず、相続人が遺産分割によって実際に取得した遺産の額に応じて分担すべきものとされています。

たとえば、遺産分割協議で100平方メートルの土地を受け取ったつもりが、実際には90平方メートルしかないことがわかったとすると、その土地を受け取った人は、足りない分の損を、ほかの相続人にも負担させることができるのです。

土地の遺産分割時の時価が10平方メートルあたり150万円、相続人が３人で全遺産を均等に分けていたとすると、一人あたりは足りない150万円を３で割って50万円の負担額です（請求している当人も入ります）。したがって、その土地の受取り人は、他の２人に対して各50万円ずつ、計100万円を自分に払わせることができます。

ポイント　受け取った遺産の欠陥は、ほかの相続人も負担する。

Q19 債権を相続しても回収できるかどうか不安なのだが

★回収不能分はほかの相続人と負担を分け合える

A ▶焦げつきはほかの相続人も相続分に応じて負担する

債権を相続する場合、民法は「各共同相続人は、その相続分に応じ、他の共同相続人が遺産の分割によって受けた債権について、その分割の時における債務者の資力を担保する」と定めています（912条）。

たとえば、３人の子の相続人のうちの1人が1800万円の債権を相続したが、債務者から900万円しか支払を受けられなかったとします。相続人らが遺産を均等に相続しているとすれば、焦げついた900万円を３等分した額＝300万円ずつを、他の２人の相続人から償還してもらえます。900万円の欠損のうち、600万円は他の相続人に負担してもらえることになります。残りの300万円は、自分の負担部分です。

●債権が取り立て不能になりそうなとき

債務者の資力をはかる基準時は、遺産分割前に弁済期日が到来している債権は遺産分割時、弁済期日がきていない債権は弁済期日とされています。どういう意味かというと、遺産分割前に弁済期がきている債権を例に説明すれば、返済能力が遺産分割当時に1800万円のうち900万円しかなかったのなら、足りない額はその時点の900万円に決まるということです。仮にその後、その債務者が破産して支払い能力ゼロになったとしても、足りない額が1800万円に増えはしません。こうして債権の額および内容を確定し、どう分割するかを決めるとよいでしょう。

ポイント 期限後の債権は遺産分割時点で回収不能額が決まる。

Q20 不要と思われる絵や骨董品を処分したいが

★相続人全員の意思を確認し、借り物でないかも確かめる

A ▶受取り希望者がいなければ廃棄してよい

被相続人が趣味で書画、骨董を収集していることはよくあります。有名画家の作品とか鑑定書つきの骨董品であれば、経済的な価値も高く、きちんと評価額を決めたうえで、誰が相続するかを決めることになるでしょう。

しかし、素人の描いた絵であるとか、古道具屋で仕入れた骨董などでは、経済的な価値が認められないようなものもあります。

遺産分割協議の話合いの中でも、誰も相続する意思がない場合には、遺産分割協議で合意した上で破棄するしかないでしょう。ただし、その絵が、被相続人が第三者である友人から借りていた物である場合などは、その第三者の権利を侵害することはできません。

●形見分けとして分けることも

誰も引き取り手がない書画や骨董でも、客観的な価値は認められないのでしょうが、被相続人に対する愛情から価値を認める相続人がいる場合には、これを「形見分け」として分け与えたらよいでしょう。

形見分けとは夫婦、親子などの情愛から、被相続人の使っていたものを分けることをいいます。指輪や衣類など身の回り品が形見分けとされることが多いのですが、高価なものは形見分けではなく、相続財産に入るという判例もあります。

ポイント　身の回り品も高価であれば分割協議にかける。

Q21 漁師の父が乗っていた船を誰も相続したくないが

★誰もほしがらない遺産は廃棄の決議をする

A ▶相続物件と各相続人の事情のマッチングに留意する

相続人である母親は主婦、長男はサラリーマン、長女は小学校の教諭といったような場合は、父親の乗っていた船を誰も相続したくないというのは納得できます。

民法では、遺産分割を行う基準を定めており、そのなかで、「物の種類および性質」、「各相続人の年齢、職業」を考慮して、遺産分割を行うよう定めています。

この基準に従えば、船を相続するというのは、相続した本人が漁師をやらないかぎり無用の長物にほかならず、船は誰も相続しないということもしかたがないといえます。

●船の処分はどのようにするか

相続人が誰も船を相続しないというのであれば、船は何らかの方法で処分しなければなりません。

船が比較的新しいもので、経済的な価値がある場合には、これを売却して、売却代金を相続人で分けることになります。

しかし、使い古した船で、誰に相談しても買い取り手がないという場合には、廃棄処分にするしかありません。廃棄するのに、費用が掛かる場合には、その費用は相続分に従って分担するか、それとも等分で分担するか、いずれにせよ話し合って決めることになります。

ポイント 廃棄費用の分担の話合いも重要。

Q22 相続財産がマイナスの場合にも分割協議を行うのか

★分割の結果を債権者には対抗できない

A ▶遺産がマイナスのときは相続しなくてもいい

相続財産はプラスの財産だけではなく、マイナスの財産（借金）を含む場合もあります。トータルでマイナスということもあります。

結果としてマイナスを負わされるのがイヤならば、自分が相続することを知ったときから３か月以内に、家庭裁判所に申し立てて「相続放棄」をすることができます。また、プラス分の限度でマイナス分を相続する「限定承認」をすることもできます（相続人が自腹をきってまで返済することはなくなります）。これも事前に相続財産の調査をした上で、やはり３カ月以内に家庭裁判所に申し立てて行います。限定承認は、相続人が全員で共同して行わなければ認められません。

●マイナス遺産の相続と分割協議

親のした借金だから、これを放ってはおけないという相続人もいるかもしれません。遺産の具体的な分割は分割協議によって決められますが、マイナスの遺産については、相続人各自が法定相続分に従って相続するというのが相続法の原則です（民法902条の２）。

遺産分割協議で法定相続分と異なる債務の分割を決めたとしても、相続人の内部では有効ですが、それを債権者に押しつけることはできません。ただ、債権者の方でこれを認め、プラスの遺産を多く受け取った人（たとえば事業承継者など）から返済を受けることは自由です。

ポイント　債権者は相続人の相続債務の分割に従う義務はない。

Q23 死んだ父親が他人の借金の保証人になっていたのだが

★保証の内容をよく調べて相続の承認か放棄かを決める

A ▶どのような内容の保証かを調べるのが先決

保証といっても、単なる保証から連帯保証、根保証まで、いろいろな形態がありますので、お父さんの保証が、どれにあたるのかを調べるのが先決です。単なる保証であれば、先に債務者本人に請求してくれ、先に債務者本人に対して強制執行してくれという抗弁ができます。それ以外の保証では、相続放棄をしないかぎりは、法定相続分に応じて、各相続人が債務者本人と変わりない支払義務を負うことになります。

また、債務者本人（主たる債務者）は誰で、いくらの、いつが期限の債務を保証しているのか、債務者本人の返済状況はどうか、返済資力は十分にあるのか。そして、相続財産額は仮にその債務を返済させられた場合に足りるのかどうかも重要です。これらを考えあわせ、相続を承認するか、放棄するか、あるいは限定承認を選ぶかを決めます。

●根保証の場合には注意が必要

根保証は、あらかじめ期限と保証の極度額（限度額）を決めておき、その期限内で、増減する債務額を極度額まで保証します。保証の期限も極度額も決めていない「包括根保証」の場合には、被相続人の死亡後に増えた債務については保証責任はないというのが最高裁の判例です。

また、平成17年４月以降に結ばれた個人の借金に基づく包括根保証で、極度額の定めのないものは無効です（民法465条の２第２項）。

ポイント 保証債務の相続は保証の内容の見極めが肝心。

Q24 相続人の一人が行方不明で協議に呼べないが

★不在者財産管理人や失踪宣告の制度がある

A ▶不在者財産管理人の選任をしてもらう

相続人のうちの１人が行方不明の場合には、帰りを待っていてはいつ遺産分割協議ができるかわからないので、相続人の誰かが家庭裁判所に「不在者財産管理人」の選任申立てをします。選ばれた不在者財産管理人は、他の相続人と一緒に遺産分割協議を行うことができます。

●７年以上生死不明の場合は

相続人が行方不明になってから７年以上なら、他の相続人が家庭裁判所に申し立てて「失踪宣告」の審判をしてもらえます。失踪宣告がおりると、通常の行方不明では最後の音信から７年経過した時点で死亡したものとみなされます（民法31条）。当人は相続人ではなくなりますが、失踪者に子がいれば、その子を遺産分割協議に加えなければなりません。死亡したとされる時点が被相続人の死亡よりも前であれば、その子が親に代わって代襲相続できますし、被相続人の死亡後であっても、その子は死亡した親の通常の相続人として相続権を持っています。

失踪宣告がおりて遺産分割をすませたのに、後日、生きていることがわかった場合には、失踪宣告は取り消されます。当人以外の相続人が生存を知らなかった（善意の）場合には遺産分割は有効で、やり直しの必要はなく、相続財産がまだ費消されずに残っている範囲内で、行方不明だった人に代償金を支払えばよいことになっています。

ポイント　失踪宣告があっても失踪者の子は相続人になりうる。

Q25 相続人が外国にいるときの遺産分割協議は

★協議書を現地に送って署名と署名の証明をしてもらう

A ▶外国居住の相続人には「サイン証明」をとってもらう

遺産分割協議は、相続人全員が参加するというのが原則です。しかし、相続人の事情によっては、遺産分割の協議の場に参加できないケースも起こり得ます。病気で入院中であるとか、遠方に住んでおり介護を受けているなどの場合です。外国に住んでいる場合もそうです。

そのようなときには相続人の誰かが分割案を作成して、これを郵便などで送り、持回り方式で遺産分割協議に代えることが認められています。

持ち回りで受け取った遺産分割協議書には、署名捺印し、印鑑証明書を添付しなければなりません。

●外国では印鑑登録できないが

外国に住んでいるので日本に住所がないため、印鑑登録ができず、印鑑証明書を取得できない場合には、遺産分割協議書に添付できませんが、どうすればいいでしょうか。

持ち回りで送られてきた遺産分割協議書を、住んでいる国の在外公館（日本大使館あるいは総領事館）に持っていって、総領事などの面前で署名（サイン）して、面前で署名した旨の奥書または証明書を添付すれば、この遺産分割協議書で相続登記をすることが認められています。

金融機関でも、遺産分割協議書の提出が必要な場合があります。詳しくは法務局や銀行に事前に確認した方がよいでしょう。

ポイント　印鑑証明のかわりに外国では「サイン証明」をとる。

Q26 被相続人の妻に胎児がいるときの遺産分割協議は

★出生を待ってから遺産分割協議を行う

A ▶お腹にいる胎児にも相続権はある

財産相続については、お腹にいる胎児にも相続権があることが認められています（民法886条）。ただし、胎児が生きて生まれたことが条件です。すなわち、元気で生きて生まれた場合には、遡って相続開始のときに生まれたものとして相続権を認める扱いをするわけです。

では、胎児がいる場合の遺産分割は、どうすればいいでしょうか。胎児を抜きに遺産分割をしてしまうと、生きて生まれた場合には、相続人を除外して遺産分割を行ったことになり、遺産分割をやり直さなければならなくなります。そのため、法律で決められているわけではないのですが、遺産分割協議は胎児が生まれてから行うのが望ましいといえます。

●生きて生まれた場合の遺産分割協議は

胎児が生きて生まれれば、当然相続人になりますので、遺産分割の当事者となります。このような場合には、通常は、母親が親権者として、胎児に代わって法律行為を行います。

問題なのは、母親も通常は相続人であるため、遺産分割では胎児と利害が対立します。このような場合の法定代理は認められません。

その場合には、家庭裁判所に申し立てて、子どものために特別代理人を選任してもらい、特別代理人を参加させて遺産分割協議を行うことになります。

ポイント 出生前に遺産分割をすると出生後にやり直しになる。

Q27 分割協議後に認知を受けたという者が現れたが

★相続開始後の認知なら分割協議のやり直しは不要

A ▶認知を受けていれば相続人としての権利がある

認知とは、父親が結婚外で生まれた子に関し、自分の子であることを認める「認知届」を市区役所に提出して父子関係を発生させることです。認知届が受理されると、父親の戸籍にその旨の記載がされます。

遺産分割協議をする前には､相続人を確定するため､戸籍謄本をチェックしますので、認知を受けている子がいれば、当然、遺産分割協議に参加させることになります。

遺産分割協議が終了した段階で認知を受けた子が出てきたということですから、戸籍を調べた時点ではまだ存在せず、被相続人の死亡後に認知訴訟を起こして認められたものと思われます。強制認知といいます。

●どのような権利主張ができるか

遺産分割が終了しているとなると、相続財産はすでに登記されたり、売却されたりしているかもしれません。かといって認知を受けた相続人を入れて、遺産分割協議をやり直すとなると、大変な作業となります。

このような場合に備えて、民法910条では、相続の開始後に認知を受けた者が、遺産分割を請求する場合に、他の相続人が遺産の処分などをしている場合には、価額のみの支払いを請求できる（自分の不在のゆえに多く受け取っている相続人に、その超過分をお金で払い戻させることができる）としており、遺産分割のやり直しは認めていません。

ポイント　相続開始後に認知を得た者にはお金で清算する。

Q28 相続分皆無証明に印を押した相続人が相続を主張してきた

★場合によっては分割協議のやり直しなる

A ▶相続分皆無証明書は相続放棄のかわりの便法

相続人が被相続人の生前に贈与（特別受益）を受けた場合には、被相続人が別段の意思を示していなければ相続にあたってその受益額は差し引かれ、受益者が相続で受ける額はゼロになることがあります。

そういうとき、「私は生前に、父より相続分を超える贈与を受けたことは間違いありません」などと書かれた書類にハンを押させる（印鑑証明書を添付）ことがあります。これが相続分皆無証明書です。

不動産を相続して登記をする場合に、これを原因証書として添付すれば、遺産分割協議書はなくても相続登記ができます。遺産分割協議を開かなくても相続した不動産の登記ができるので、遺産分割協議の便法として利用されています。

●悪用されることもある

被相続人から生前に贈与を受けたことが事実ではなく、ほかからの圧力や虚言によって作成された場合は、これを取り消すことができます。相続分皆無証明書を作成した本人が遺産の分与を求めるなら、生前贈与について本当の額で再計算をして分割協議をやり直すことになります。

相続分皆無証明書は、たとえば農家の後継ぎに農地を継がせたいようなとき、本当は他の相続人に生前贈与などないのに便利に使われてきました。それゆえ、相続分をめぐって話がこじれるリスクもあるのです。

ポイント　相続分皆無証明書は相続争いを呼ぶ危険をはらむ。

巻末❶ 間違いだらけの相続——その遺産分割 待った!

■令和５年中の死亡者数は159万503人（厚生労働省/速報値）で、これからも死亡者数は増加していくものと予想されています。死亡者が出れば、当然、相続が発生します。しかし、日本は家督相続の時代が長く、戦後、改正された相続法のルールを理解している人は少ないようで、こうしたことが一部の相続人の横暴を許したり、裁判所に申し立てられる相続トラブルが多くなっている理由でもあるようです。

相続は、人生において何度も経験することではありません。また、財産を受け継ぐ者にとっては、**少しでも多く相続したい**というのが正直なところでしょう。わが国の相続は法定相続による場合がほとんどで、主に争いとなりがちな兄弟姉妹間は平等の均分相続となっています。しかし、なんだかんだ自分の都合のいいことを言って、少しでも多くの遺産をとろうとする相続人もいるようです。

本来、遺産分割は、お金などの分けることのできる遺産（可分債権）は被相続人の死亡時に自動的に相続人に相続分に応じて相続され、家や土地などの自動的に分けることのできない財産を遺産分割協議で個々の相続人の事情を考慮して法定相続分に応じて分けるとされていました。

しかし、現在はさまざまな事情から、可分債権も含め遺産分割において**原則として、どのように遺産分割をしてもよい**というのが、判例や実務上の立場です。こうしたことが、「合意さえできればいいんだ」という考えを産み､一部の相続人の横暴を許す理由ともなっているようです。もっとも、現在の相続法のルールを知らずに自分に都合のよい考え方を主張する人もいますが…。

この巻末では、本書のまとめ部として、法律のルールがよくわからない相続人が、自分だけの得となる横暴な主張をする相続人に対して、**どのような対処をすべきか**を解説します。なお、解説等は簡略に記載しましたので、誤解なきよう本文の該当ページも参照してください。

◆遺産分割の手続の流れと注意点

※本図では、遺産分割から遺産の各相続人への移転まで、相続法のルールと起きがちな問題（悪質な相続人の主張など）を掲げました。

1 被相続人の死亡→相続の開始

▼葬儀・埋葬・法事などを行う。
年金など、届出が必要なものもある。
▼死亡届を役所に提出して、火葬許可証をもらう。
法定相続人の共同相続となる。
▼被相続人の死亡時に相続は開始する。

注

悪質相続人の手口

①相続人の一人が勝手に、被相続人のカードで現金を下ろす。
②被相続人の死亡で遺産は全相続人の共有のはずだが、自分の財産であるかのように振る舞う。
③葬儀費用を勝手に遺産から出す。
④喪主となり大々的に葬儀をし、費用を他の相続人にも押しつける。

2 遺産分割の準備→相続人・遺産の確定

▼遺産目録を作成する。
・必要なら預貯金の払戻しの手続を行う。
・不動産は登記事項証明書（登記簿謄本）で確認する。
▼遺産を探し、確定し、評価する。
戸籍謄本（全部事項証明書）などを取り寄せる。
▼相続人および相続分を確定する。

注

悪質相続人の手口

①気に食わない相続人を排除しようとする。
②遺産の使い込みをし、その分を引いた額を遺産と平気で言う。
③自分が相続するつもりの家屋などの評価額を安く見積もる。
④遺産を隠したいのか、遺産の捜索等に非協力的。特別受益分を言わない。

3 遺産分割協議を行う

▼合意できなければ、家庭裁判所に調停の申立をする。
▼相続人全員の合意ができたら遺産分割協議書を作成。
▼相続人全員の合意でなければ協議成立とならない。
▼遺産分割協議は、誰がどの遺産をとるかの話合い。

注

悪質相続人の手口

①何か気にくわないのか、分割協議に出てこない。
②遺産分割協議で自分が得する主張をするばかりで、協議にならない。
③相続放棄や相続分皆無証明書への押印を迫る。
④気にいらない相続人は遺産分割の話合いの場に呼ばず、後で報告して合意を求める。

4 各相続人が遺産を取得する

▼借金や保証債務を相続すれば返済・履行義務がある。
▼債権や請求権の取得では取得した相続人が権利を行使。
▼不動産は相続登記をする。
▼動産は現物の引渡しをする。
▼預貯金は金融機関で申出し、払戻しや名義変更をする。

注

悪質相続人の手口

①取得した遺産を渡してくれない。
②被相続人の死亡後に認知された子など、遺産分割は終わったと言って遺産を渡さない。
③不動産を相続したが、登記に協力してくれない。
④取得できるはずの現金を使い込んで、すぐ返すと言うが返さない。

① 相続の開始――
同居の相続人は遺産分割をしたがらない！

♣遺産相続は被相続人の死亡時に開始し、遺産は相続人全員の共同相続となり、法定相続分に応じて持分による共有となります。被相続人の住宅も相続人全員の共有なのです。

よくある事例1 「遺産分割…、そんなのしなくていいんじゃない」葬儀後に遺産分割の話をしたとき言われた。

相続のルール　遺産分割をしなければ相続人全員の共有のままです。相続登記もできませんし、勝手に預貯金等もおろせません。また遺産分割をしないと、相続人の死亡などで将来、遺産分割が複雑になります。

対処法　遺産分割手続をするように主張すべきです。被相続人の家に住み続けたい等の理由があれば遺産分割協議で話し合いを。詳細⇒90ページ参照

よくある事例2 「死んだ父親の面倒もみたし、母親の面倒も俺がみるから遺産分割なんか必要ない」と言われた。

相続のルール　父親の死亡により父親の遺産はすでに相続人全員が共同相続しています。母親の面倒をみることと、遺産分割の手続をすすめることとは関係はありません。遺産は渡さないとの口実のようです。

対処法　遺産分割の話し合いをするよう主張し、もし父母についての主張があるなら協議の場で話すよう言うべきです。詳細⇒90、96ページ参照

よくある事例3 「葬儀で遺産は使い果たしたから遺産分割なんて不要」と実家の長男にいわれたが…

相続のルール　葬式費用については、いくつかの考え方がありますが、葬儀の主宰者である喪主が負担するのが一般的とされています。相続人全員の合意なく、勝手に遺産から使ったのであれば問題です。

対処法　葬儀費用を明確にし、相続時の遺産（現金や預貯金）はどうなっていたのか財産目録を早急に作成するよう主張するとよいでしょう。

よくある事例4 「200万円渡すから、遺産のことはなしにしてくれ」と葬儀後に突然、兄に言われたが…

相続のルール　死亡した人（被相続人）の死亡時に遺産は全相続人の共同財産となり、相続分に応じた持分で共有となっています。「相続をなしにする」とは、相続を放棄してくれと言う意味でしょう。遺産の中から200万円を出すというのであれば、遺産分割についての提案です。

対処法　相続放棄をして相続人でなかったことにするか、このまま遺産分割で遺産を取得するかは、当人の自由です。ただし、相続放棄をしてもらいたい理由を聞いてから判断するのがよいでしょう。詳細⇒44ページ参照

② 相続人の確定──
都合の悪い者は相続人と認めたがらない

♣相続人には嫡出子の他、養子（特別養子除く）、婚外子（非嫡出子）が嫡出子と同等の相続もします。本人の意思で相続放棄でもしない限り、相続人となります。

よくある事例1 「家の跡取りは俺だから、相続できるのは俺だけだ」と長男が言うが…

相続のルール　戦前の旧民法の時代は家督相続で、家長が全遺産を相続しました。現在の民法では、子はみな平等に相続するのがルールですが、まだ、家督相続の名残があり、こうした主張をする人もいるようです。

対処法　現在のルールを説明し、遺産分割協議をしたいと伝えましょう。最後は調停などの法的手段となります。 詳細⇒13、32、90ページ参照

よくある事例2 「嫁いで家を出たんだから、相続人ではない」と死亡した父親と同居していた跡取りから言われた。

相続のルール　現在の相続には跡取りなどという概念はなく、被相続人の子は平等に相続します。ただし、嫁入り時の持参金や家を建てたときの援助金など特別受益があれば、それを考慮して相続額が減額されます。

対処法　子として平等の相続権を主張してください。言い分があるなら、遺産分割協議で話すように伝えることです。 詳細⇒32ページ参照

よくある事例3 「愛人の子なんだから相続人ではない」と言われて、傷ついたが、本当に相続人になれないのか。

相続のルール　婚外子（事実婚や愛人の子など）でも子にかわりはなく、相続人になれます。ただし、相続するためには認知されていることが必要です。認知があれば嫡出子と同等の相続分があります。

対処法　被相続人の戸籍謄本をとり、認知された婚外子である証明をします。認知されていなければ家裁に強制認知の請求を。 詳細⇒42ページ参照

よくある事例4 子のいない叔母の死で「甥や姪は相続人でない」と叔母の兄弟に言われたが…

相続のルール　叔母に子（代襲相続人＝孫など含む）もなく直系尊属（叔母の親など）もいない場合には、叔母の兄弟姉妹が相続し、兄弟姉妹のうちに死亡した人がいればその子（甥・姪）が代襲相続で相続人になります。ただし、遺言があれば別です。

対応策　遺言の有無を確認してください。遺言で他の相続人に全遺産を渡すとの指定があれば、兄弟姉妹（代襲相続人含む）には遺留分はなく相続できません。

詳細⇒13ページ参照

③ 遺産の探索・確定・評価——
都合の悪い者には遺産の全部を教えたがらない

♣兄弟の仲が悪かったり、婚外子がいる場合など、故意に遺産を隠したりすることがあります。こうした場合、弁護士への依頼や家庭裁判所に調停の申立をするのがよいでしょう。

よくある事例1 「住んでいるこの家は僕と母さんのものだし、遺産なんて何もないよ。」と長男に言われた。

相続のルール　遺産は現金や預貯金だけとは限りません。不動産（住宅など）や動産（自動車など）、各種の債権（賃借権・会員権など）、保険金や損害賠償の請求権も遺産となります。

対処法　不動産については登記事項証明書を取り寄せて確認してください。また、遺産目録を作成するよう主張しましょう。 詳細⇒50ページ参照

よくある事例2 「親父には借金があり、遺産分けするお金はない」と、死んだ父と同居中だった長男に言われたが…。

相続のルール　借金はマイナスの相続財産で、通常、遺産から返済し、それでも不足する場合には、法定相続分に応じて各相続人が弁済することになります。相続放棄をして返済を免れることもできます。

対処法　本当かどうかは、借金を含めた遺産目録を作れば判明します。借金の額および評価額もきちんと記入してください。 詳細⇒50ページ参照

よくある事例3 「遺産の評価など不要。現に今俺の家族が住んでいて売れないから。また他に財産はない。」と言われた…。

相続のルール　被相続人所有の家なら分割の対象です。また、家以外にも通常は遺産があるはず。家財道具も厳密な意味では遺産です。評価額があまりにも安いと思う場合は、不動産鑑定士に鑑定を頼むとよいでしょう。

対処法　住宅の評価額も含めた遺産目録を作ってください。家屋の分割については法定相続分をお金で支払う方法（代償分割）もあります。

詳細⇒56ページ参照

よくある事例4 「家を建てるとき、親父から援助してもらっただろう」と言っても「そんなことはない」と言うが…

相続のルール　被相続人から共同相続人が遺贈（遺言による贈与）や婚姻・養子縁組・生計の資本として贈与を受けたものがあるときには、その遺贈や贈与は特別受益となり、相続財産に組み入れ（持戻し）て、遺産分割を行なうことになります。つまり、実際の相続額は減額となります。

対抗法　相続人が嘘をつくことは最悪です。シラを切るなら被相続人のメモや預貯金等の資料から割り出すしかないでしょう。 詳細⇒61ページ参照

④ 遺産分割協議── 個々の事情を持ち出し有利な相続をしようとする

♣遺産分割協議は、被相続人の個々の遺産を誰が相続するのかを決める重要な協議です。合意が成立すると遺産分割協議書を作成し、その後、相続人へ遺産の移転が行なわれます。

よくある事例1 「登記に必要な『相続分皆無証明書』を送るから、実印を押し印鑑証明書を付けて返送してくれ」と…。

相続のルール 「相続分皆無証明書」は被相続人の生前に贈与など（特別受益）があり、相続時において相続分がないということの証明書で、相続登記では遺産分割協議書に代えてこの証明書があれば相続登記ができます。

対抗法 一方的な要請に応じる必要はありません。早急に財産目録の作成、遺産分割協議をするように申し入れましょう。 詳細⇒84、118ページ参照

よくある事例2 「親父の財産は俺が築いてやったものだ。全遺産がそうだ」と遺産分割協議で主張するが…。

相続のルール 死亡した父親と事業を共同で行なって遺産を築いていた場合、その相続人には特別寄与分があり、遺産からまずその特別寄与分が寄与者に渡され、その残り分を寄与者を含めた相続人が分割することになります。全遺産についての寄与分は認められないでしょう。

対抗法 財産目録を示してもらい、寄与分が妥当かどうかの判断をします。合意ができなければ家庭裁判所に申し立てます。 詳細⇒96、98ページ参照

よくある事例3 「農地や家は生前贈与を受けているし、預貯金もない」と農業の後継者である長男が主張するが…。

相続のルール 生前贈与は、通常、特別受益分として他の遺産に加えて相続財産とみなされ、これを各相続人の相続分に応じて分割することになります。特別受益分の他に財産がない場合、遺留分（これだけは相続人が最低限相続できるという部分）が長男以外の相続人の受け取れる部分です。

対処法 生前贈与（特別受益分）を含む遺産目録の作成を主張しましょう。

詳細⇒92、108ページ参照

よくある事例4 「法定相続分で分けると生活ができない」と相続人の１人が言うが…。

相続のルール 親に生活を依存して生活している人がいる場合、今後の生活の場所や生活費が問題となります。しかし、遺産分割協議では、相続分を多くするなどの必然性はないと思われます。

対処法 配偶者（母）が健在なら、今の家で同居できる遺産分割などが考えられます。生活費は、別途、考えるのがよいでしょう。詳細⇒90ページ参照

5 遺産分割後のトラブル 遺産分割協議が無効・やり直しとなる場合がある

♣遺産分割協議後もさまざまな問題が起きます。特定の相続人を抜きにして遺産分割をしたり、遺産を隠したり、新たに見つかった場合などで、遺産分割の効力が問題となります。

よくある事例1 「親父が死んだのはもう６年前。時効で遺産は全部僕のものだ」と父と同居していた兄が言うが…。

相続のルール　遺産分割協議についての時効はありません。したがって、いつでも遺産分割協議をするように申出ができます。

対応策　どうしても遺産分割協議をすることに同意しない場合は家庭裁判所に調停あるいは審判の申立をするとよいでしょう。 詳細⇒120ページ参照

よくある事例2 婚外子の認知手続をして遺産分割を求めたら「遺産分割協議はもう終わっている」と冷たく言われた。

相続のルール　父親の死後生まれた婚外子は死後認知手続が必要です。認知されると子となり相続人として遺産分割の請求ができます。

対応策　他の相続人に対して分割の請求をします。分割その他の処分が終わっていれば、価額（金銭）による支払請求となります。詳細⇒42ページ参照

よくある事例3 「遺産分割協議のときに海外にいたお前が悪い」と遺産分割協議のやり直しを拒否された…。

相続のルール　事情のいかんを問わず（失踪などの場合は別手続による）、協議による相続人全員の合意が必要で、合意なしの遺産分割は無効です。

対応策　改めて遺産分割協議をすることになります。話合いがつかなければ家庭裁判所に調停または審判の申立ができます。詳細⇒30、87ページ参照

よくある事例4 「死亡した父の定額預金の500万円が出てきた」と母から連絡があったが、遺産分割協議をやり直すのか…。

相続のルール　現金や預貯金は可分債権ですので、出てきた定期預金について分けることで問題はないでしょう。

対処法　不動産などが出てきたら協議のやり直しを。 詳細⇒122ページ参照

よくある事例5 「遺産は親父の葬儀で使い果たしたから一銭もない」と父と同居していた長男に言われた。遺産分割協議もしないつもりらしい。

相続のルール　遺言のない相続では、遺産分割協議は必須です。遺産はお金だけではありません。まずは遺産の明細を出してもらうことです。葬儀費用については、遺産から出す、喪主が負担する、相続人全員で負担する、などの考え方がありますが、遺産分割と葬儀費用の負担とは別問題です。話し合いに応じないのであれば、家庭裁判所に調停（あるいは審判）の申立てができます。 詳細⇒120ページ参照

◆最近の相続に関わる法改正の主な動き

ここでは、前回の改訂（第５版・令和３年５月刊行）以降に施行された相続に関わる主な法令の動きを紹介します。本文と合わせて参考にしてください。

1 相続開始から長期間経過後の遺産分割での特別受益や寄与分の取扱い

１・家庭裁判所は相続財産の保存に必要な処分をできるようになった

遺産分割の話合いがなかなかまとまらない場合など、いつの間にか相続財産が散逸してしまうことがあります。このようなトラブルを防ぐため、新たに「相続財産の保存」についての規定が新設されました。

これにより、相続人が１人で単純相続した場合、相続人が数人でも遺産の全部について分割が済んでいる場合、また相続人が不存在で相続財産の清算人が選任されている場合を除き、家庭裁判所は利害関係人や検察官の請求があれば、いつでも相続財産の管理人の選任その他の相続財産の保存に必要な処分を命ずることができます（民法897条の2）。

２・相続開始10年経過後の遺産分割では特別受益や寄与分の規定は適用しない

相続開始から10年経過後に行う遺産分割では、原則として特別受益や寄与分については相続財産に加味せず、画一的に法定相続分により分割することになりました（904条の３）。長期間放置された遺産分割の解決が期待されます。

３・共同相続人も遺産分割を禁止できるようになった

共同相続人も契約により、遺産分割を禁止することが可能になりました。なお、分割禁止期間は５年以内で、更新はできますが、その終期は、相続開始の時から10年を超えることはできません。また、共同相続人間で協議がまとまらないなど特別の事由がある場合は、家庭裁判所が共同相続人に代わって分割禁止を決めることもできます（908条２項～５項）。

この他、「相続人の不存在」の章（相続編第６章）では、本文中「相続財産の管理人」を「相続財産の清算人」と改めました。

2 所有者不明および管理不全の土地建物の管理制度の創設

所有者が不明だったり、管理されずに放置されたままの土地建物は、その利用を円滑に行えないだけでなく、倒壊などにより周囲に被害を与えるおそれもあります。このような土地建物の管理の効率化を図り、適切な管理を行うため、土地建物に特化した管理制度が創設されました（①所有者不明土地管理命令及び所有者不明建物管理命令〈264条の２～264条の８〉、②管理不全土地管理命令及び管理不全建物管理命令〈264条の９～264条の14〉）。①については、裁判所は利害関係人の請求により、所有者不明土地（建物）管理人を選任、所有者土地〈建物〉管理命令を出すことができます。管理人の権限は原則、保存行為、一定の範囲内の利用・改良行為ですが、裁判所の許可があれば、売却も可能です。これにより、不明所有者がいても、不動産の利用・処分を円滑に進められるようになります。

また、②については、所有者による管理が不適当で、他人の権利または法律上保護される権利が侵害され、そのおそれがある場合には、裁判所は利害関係人の請求により管理不全土地（建物）管理人を選任、管理不全土地〈建物〉管理命令が出せます。

※以上、令和５年４月１日から施行

3 相続不動産の相続登記（所有権移転登記）の義務づけ

遺産相続で土地家屋を取得した相続人は、取得を知った日から３年以内に相続登記（所有権移転登記）の申請が義務づけられました（不動産登記法76条の２）。正当な理由がないのに申請を怠った場合、10万円以下の過料に処せられます。

なお、遺産分割がまとまらないなどの理由で登記申請ができない場合は、相続人（単独でもよい）が、登記名義人の法定相続人である旨を申し出ることで申請義務を履行したことにできる「相続人申告制度」も創設されました。

4 被相続人の預金の情報公開制度の創設

これまで、被相続人の預貯金がどこにどれだけあるかは、取引銀行ごとに紹介するしかなく、すべての口座を見つけるのは容易ではなかったのです。しかし、「預貯金者の意思に基づく個人番号の利用による預貯金口座の管理に関する法律」により、相続人は預金保険機構に対し、被相続人の預貯金口座がある金融機関と店舗名、預貯金種別と口座番号の情報開示を求めることができます（８条）。

5 嫡出推定および嫡出否認に関する親族法の改正

１・生まれた子は直近の夫の子と推定する

離婚後300日以内に生まれた子は離婚した元夫の子とされてきましたが、女性の再婚禁止期間の規定が撤廃され、女性が懐胎から出生までの間に複数の結婚をすることも可能です。この場合には、生まれた子は「直近の夫」の子と推定すると、嫡出推定の規定が改正されました（民法772条３項）。

２・夫以外も嫡出否認できるようになり、出訴期間も３年に延びた

子の嫡出性を否認できるのは、これまで夫（子の父）だけでしたが、子、子の母、前夫も否認できるようになり（774条、775条）、嫡出否認の訴えの出訴期間も出生を知った時から３年に延長されました（777条。ただし直近の夫は１年）。

※以上、令和６年４月１日から施行

この他、令和４年４月１日からは、成人年齢が18歳に引き下げられています。

◎配偶者居住権について（令和２年４月１日施行）

民法及び家事事件手続法の一部を改正する法律（平成30年法律第72号/平成30年７月６日成立）により､民法第５編「相続」第８章「配偶者の居住の権利」（1028条～1041条）が新設されました。

この無償で終身居住できる配偶者居住権の内容等について、下表にまとめましたので。配偶者居住権の設定の検討材料としてください。

●配偶者の居住の権利の概要

権利の名称	配偶者居住権　相続で居住用建物の所有権を取得した配偶者は取得できない。共有は可。	1028条
権利の内容	死亡した人（被相続人）の配偶者（死亡時に同居）は無償で居住していたその建物の全部を使用･収益する権利。	1028条
権利の取得	①遺産分割での合意、②遺言（遺贈）、②家庭裁判所の審判により配偶者居住権を取得。	1029条
配偶者居住権の存続期間	配偶者の終身の間。ただし、遺産分割協議、あるいは遺言、家庭裁判所の審判で別段の定めがあればその定めによる。	1030条
配偶者居住権の登記	居住建物の所有者は、配偶者に対し、配偶者居住権設定の登記を備えさせる義務を負う。	1031条
配偶者による使用および収益	従前の用法に従い、善良な管理者の注意を持って使用収益。居住の用に供していなかった部分も居住の用に供することも可。	1032条
配偶者居住権の制限事項	① 譲渡することができない。 ②居住建物の所有者の承諾を得なければ、改築・増築ができない。 ③居住建物の所有者の承諾を得なければ､第三者に使用･収益をさせることができない。	1032条
居住建物の修繕等	配偶者は、居住建物の使用・収益に必要な修繕をすることができる。費用は配偶者負担。	1033条
居住建物の費用の負担	配偶者は、居住用建物の通常の必要費を負担する。	1034条
居住建物の返還等	配偶者居住権が消滅したときは、返還しなければならない。ただし、居住用建物について共有持分を有する場合は、配偶者居住権が消滅したことを理由として、居住建物の返還を求めることはできない。599条（借主の収去等)、621条（賃借人の原状回復義務）は準用。	1035条
使用貸借および賃貸借規定の準用	597条（期間満了等による賃貸借の終了)、600条（損害賠償及び費用の償還の請求権についての期間の制限)、613条（転貸の効果)、616条の２（賃借物の全部滅失等による賃貸借の終了）の規定についての準用。	1036条

【配偶者短期居住権（1037条)】配偶者の居住の権利には､上記の「配偶者居住権」の他に､「配偶者短期居住権」がある。これは死亡した人（被相続人）と死亡時同居していた配偶者は、相続または遺贈により所有権が移転しても、無償で下記の期間、居住の権利を有するというものである。

①居住建物について配偶者を含む共同相続人間で遺産の分割ををすべき場合…遺産の分割により、居住建物の帰属が確定した日又は相続開始の時から６カ月を経過する日のいずれか遅い日

②居住建物取得者による配偶者取得権の消滅の申入れ日から６カ月を経過する日

巻末❷ 遺産分割トラブルの解決手続き

■令和４年中に、家庭裁判所に申立てがあった遺産分割事件は、審判の申立てが2,316件、調停の申立てが１万4,371件で、合計１万6,687件（このほか、寄与分を定める処分1,056件〈審判＋調停〉、特別の寄与に関する処分313件〈審判＋調停〉）となっています。遺産分割協議が成立しない理由の一つに、相続人間の身内としての絆の崩壊もあるようです。

相談所を積極的に利用しよう

●一生に何度もあることではない。分からないのが当たり前

相続のトラブルには、相続人や遺産の範囲のトラブルもありますが、こうした問題も含めて、現実に問題となるのは遺産分割協議のときです。遺産分割協議は相続人全員で合意する必要があり相続人のうち１人でも排除した協議は無効で、また、遺産の一部が欠落していたり評価額が時価等と著しく異なれば、本題の遺産分割協議は、話し合いの前に暗礁に乗り上げてしまいます。

遺産分割協議においては、その前の準備が大切なのです。ところが、喪主等の相続人は葬儀や会葬のお礼などで忙しく、ついつい準備不足で遺産分割協議が行われることもあります。その上、相続は一生に何度もあることではありませんので、知識不足は否めません。そんな場合は、書物などで調べることが必要ですが、いちばん手っとり早いのは法律の専門家（弁護士など）に相談することです。

分からないことがあれば専門家に相談するという姿勢は、協議に入ってからも同様です。民法には遺産分割についての具体的な規定はなく、遺産分割の基準として、「遺産の分割は、遺産に属する物又は権利の種類及びその性質、各相続人の年齢、職業、心身の状態及び生活の状況その他一切の事情を考慮してこれをする」（906条）と規定しているだけだ

からです。そのため、遺産が自宅のみという場合や事業の後継者問題がからんでいたりすると、遺産の分割をめぐって争いとなる場合があります。

●弁護士等の専門家への相談

上記のような場合は、弁護士などの専門家に相談してください。いたずらに考え込んでいたり、協議で自分の主張だけを繰り返していると、お互いが不信感を持つようになります。それが感情的な対立になると、ただでさえ利害が反する協議ですので争いになりかねません。

弁護士への相談は、知り合いに信頼できる弁護士がいればその弁護士に、そうした弁護士がいなければ弁護士会の法律相談センター（有料）や都道府県・区市町村ある法律相談所（市町村の場合は必ずあるとは限りません）を利用するのもよいでしょう。

なお、法律相談は限られた時間で行われますので、事前に聞きたいことをメモして、関連資料なども用意していくとよいでしょう。また、法律相談センターや弁護士への直接の相談の場合、相談料がかかります。事前に連絡して確認しておくのがよいでしょう。

遺産分割等の相談先

名　称	連絡先・費用等
法テラス	どこに相談していいかわからないときなど （コールセンター電話 0570-078374）
弁護士会の法律相談センター	各地の弁護士会。費用は有料で30分5000円（税別）
都道府県等の法律相談所	都道府県庁等で確認のこと。事前に予約を。費用は無料
家庭裁判所の家事手続相談室	調停や審判の申立手続きの相談など
（その他の専門相談） ・法務局・各地の司法書士会 ・税務署 ・年金事務所	 不動産の相続登記など 相続税の相談。最寄りの税務署へ。 遺族年金等

〔監修者紹介〕

國部　徹（くにべ　とおる）

昭和35年12月９日生まれ。東京大学卒業。弁護士（東京弁護士会所属）。平成４年弁護士登録、平成10年國部法律事務所開設。一般民事・家事事件をはじめ、労働事件や倒産事件、刑事事件など日常の事件全般を取り扱う。

〔著者紹介〕

内海　　徹（うつみ・とおる）

昭和16年、宮崎県に生まれる。早稲田大学法学部卒業。法律ジャーナリスト。著書に『債権回収のことならこの１冊（共著）』『生活実用法律事典（共著）』『まるごとわかる遺言と生前贈与（共著）』『思いをかなえる遺書の書き方と文例集（共著）』（以上、自由国民社）などがある。

真田　親義（さなだ・ちかよし）

昭和24年、熊本県生まれ。熊本大学法学部卒業。㈲生活と法律研究所所長。著書に『法律問題で困ったらこの１冊』『まるごとわかる遺言と生前贈与（共著）』『著作権のことならこの１冊（共著）』『思いをかなえる遺書の書き方と文例集（共著）』（以上、自由国民社）などがある。故人。

〔執筆協力〕

飯野　たから（いいの・たから）

遺産分割のことならこの１冊

2010年８月27日　初版第１刷発行
2024年７月２日　第６版第１刷発行

監修者　國部　徹
著　者　内海　徹
　　　　真田　親義
発行者　石井　悟
DTP制作　㈲中央制作社
印刷所　新灯印刷株式会社
製本所　新風製本株式会社

発行所　㈱自由国民社

〒171-0033　東京都豊島区高田３-10-11
TEL〔販売〕03(6233)0781〔編集〕03(6233)0786
https://www.jiyu.co.jp/